職業人生

はじめの一歩

生きがい_と
キャリア_{を考える}
ワークブック

越田 年彦

SHIMIZUSHOIN

これから職業人生を迎える若いみなさんへ

21世紀を担う若いみなさんが、自分自身のこれからの職業生活（キャリア）について考えてもらえらば、と思い、このワークブックを作成しました。

まだ、どんな職業に就きたいのか、自分が何になりたいのかわからないと思っている人も多いのでないかと思います。しかし、私はこのワークブックを通じて、みなさんに特定の職業を見つけて欲しい、"何になりたいのか"を導き出して欲しい、とは全く考えてはいません。

ただし、自分はこれから"何がしたいのか"、この社会のなかで"どう生きて行きたいのか"、については考えて欲しいと思っています。この問いかけのなかで自分がこれから生きていくうえでの支えとなる生きがいについて考え、その生きがいにもとづいて職業を考える・選ぶ・職業生活を営む、こうしたことに思いを深めて欲しいと考えます。すなわち、思索の対象となるのは、職業生活上の生きがいです*1。それは、職業生活を営むうえで支えになるものであり、これを捨ててしまったならば自分の職業生活は成り立たなくなるようなものなのです。みなさんにはこれを見出すための模索を行って欲しいのです。

そして自分にとって大切な生きがいを職業生活で実現するために、自分の能力、資質、人柄（一言で言えば、"何ができるのか"）を高めて欲しいと思っています。アメリカの心理学者マズローは、人間には一番レベルの高い欲求として自己実現欲求があると言いました。自分の職業生活上の生きがいを見出し、それを支えにして、職業上の能力向上に絶えず努めることは職業生活における自己実現を図ることに他なりません。

若いみなさんは職業生活に臨むにあたり、社会や経済の現実に目を向けて欲しいと思います。自分がやりたいことを見出したとしても、それが経済社会の現実からみて何かしらのズレがあるならば、それは単なる夢や憧れに過ぎません。場合によれば、失望につながることもあります。"何がしたいのか"は、"何ができるのか"（自分の能力、資質）ばかりではなく、それを取り囲む経済社会という環境・条件のなかで追求しなければならないのです*2。

そして、"何をすべきか"も考えて欲しいのです。主権者として政治に参加することはその一つです。それは社会的経済的現実をより善い方向に変えていく貴

---

*1 生きがいとはアイデンティティ（自分らしさ、自分らしく生きる）という言葉と意味が重なりますので、職業生活のなかに生きがい求めるということは、職業的アイデンティティを模索することでもあるのです。

*2 例えば、保育士になりたい人は給与などの待遇の現状をよく認識する必要あります。

重な機会であり、翻って自分の職業生活を改善していく手立てとなるのです。また、“何をすべきか”は職業人になった暁に、備えていなければならない職業倫理の問いかけでもあります。これは決して難しい倫理ではありません。不正なことをしないこと、これに尽きます。

　“何がしたいのか”、“何ができるのか”、“何をすべきか”、これらの問いへの注目はすでにキャリア教育の専門家などが指摘しているところであり、私の独創ではありません*3。しかし、敢えて私が強調するとすれば、何よりも、若いみなさんには、経済的社会的現実をきちんと踏まえたうえで、あなたは“何がしたいのか”、“どう生きていきたいのか”を探して欲しいと思います。この問いかけからは、必ずしも特定の職業が導き出されるものではありません。先程、急いで自分にあった職業を探す必要はない、と言ったのは、こうした理由からです。

　このワークブックは、⑴経済や社会の現実を踏まえて職業生活を考える、⑵“何がしたいのか”、“どう生きていきたいのか”への気づきになるような素材を用意する、こうした二つの大きな柱からできています。これから職業人生（キャリア）を考えるみなさんにとって、このワークブックがほんの少しでも役に立ってもらえるならば、私にとってこのうえない喜びです。

*3　児美川孝一郎氏は「職業選択をする際、“やりたいこと”、“やれること”、“やるべきこと”という視点のバランスを考え、その三者が交わるところで進路決定をすれば、その実現可能性は格段に高まるだろう」と述べています（児美川孝一郎『キャリア教育のウソ』ちくまプリマー新書、2013年7月87頁）。また、実教出版『高校倫理　新訂版』の教科書では「自分には何ができるのか、何をやりたいのか、何を大切にしているのかを考えることで自己イメージをもち、自らの人生を設計していくことをキャリア開発という」（平成29年3月検定済、17頁）とあります。

［先生方へ］本書の特徴・使い方

このワークブックは次の3つの特徴を込めて作成しました。

第1は、本ワークブックは、タイトルが示すようにキャリア教育の"はじめの一歩"に過ぎないという点です。若い人たちが自分の立ち位置や経済的現実を把握したうえで、これからどのように生きるか、これから何がしたいのか、何を生きがいにして生きていくのか、そして自分の職業生活上の生きがいとは何かを模索するための教材を提供している限りです。職業人生（キャリア）のことを考えるワークブックではありますが、具体的な職業世界に関する情報はほとんどありません。それは「将来の在り方生き方」の思索や「将来に向けた自己実現」[*1]の追求といった事柄の意義や必要性そのものを若い人たちに説くことをことをねらいとしているからです。私としては、こうした"はじめの一歩"から次の段階として、どのようにキャリア教育を進めていくのか、具体的な進路指導をどう進めるべきかは、各先生に委ねる次第です。

第2は、本ワークブックは各学校で各先生が進めている、あるいは考えているキャリア教育にとって一助にすぎないという点です。キャリア教育は、どの先生にとっても取り組まねばならない教育活動ですから、各先生においては、それぞれ自分自身のキャリア教育論、キャリア教育実践があると思います。ご自身のキャリア教育論、キャリア教育実践＝進路指導との関連性のなかで、本ワークブックの使える箇所があればそれだけを切り取って使用する、こうした使い方を念頭に置いています。このワークブックのどの箇所を拾って活用するのかは各先生の裁量です。本ワークブックの最初のページから順番に取り組んでいく必要はありません。

第3は、本ワークブックはいろいろな場面で、いろいろな方法で使用可能であるという点です。そもそも、『高等学校学習指導要領（平成30年告示）』では「特別活動を要としつつ各教科・科目等の特質に応じて、キャリア教育の充実を図ること」[*2]と明記しています。キャリア教育はホームルーム活動や学校行事、総合学習、公民科の各科目や家庭科の授業などで広く学校教育全体にわたって行われるものであることから、本ワークブックもHRや各教科指導などで活用できるように汎用性を意識しています[*3]。突然、自習課題を用意する必要が生じた

---

*1 文部科学省『高等学校学習指導要領（平成30年告示）解説総則編』149頁。
*2 文部科学省『高等学校学習指導要領（平成30年告示）解説総則編』148頁、232頁。
*3 本ワークブックの各章、各事項がどの教育活動に関連するのかについては本書末の対照表を御覧ください。

ので本ワークブックのある箇所を印刷するということもあっていいと思います。

　また、本ワークブックでは4〜6人ぐらいのグループを作って、みんなで話し合い、相互に理解を深めるといったグループ学習を想定していますが、一人ひとり個別に考えさせたり、それを課題として提出させたりといった授業形態でもまったく問題ありません。本ワークブックを教材にして、どのように授業を進めるのかは先生次第です。

　本ワークブックは高校での教育活動を念頭に作成されていますが、中学校や専門学校、大学等でも利用可能な箇所があるのではないかと思います。私としては、本ワークブックがさまざまな学校の教育活動のなかで活かされるならばうれしい限りです。

　本文中の問いかけに解答がある場合の解答例や補足情報を、清水書院のWebサイトに掲載しています（本文中に［☞解答は清水書院Webサイトに掲載］とある箇所）。

　以下のURLにアクセスして確認してください。

　http://www.shimizushoin.co.jp/support/download/tabid/78/Default.aspx

目　　次

あなたの立ち位置 ～職業をめぐる現在

　高校、専門学校、大学を卒業したのち、みなさんの多くは就職して何らかの仕事に携わることになるものと思います。いったいどれぐらいの所得を得るのでしょうか。就いた職業を定年退職まで続けるのでしょうか。あまり考えたことはないと思います。そもそも未来のことなどわかるわけがありません。新卒で正社員としての内定を得たとしても、その会社を辞める可能性もあります。フリーターになるなど非正規の立場で働くこともあるでしょう。仕事とお金とは？　フリーターとは？　辞める可能性は？　こうした可能性への気づきのためには自分の立ち位置を冷静に見つめる必要があります。

┃**1-1**┃　現代の若者 ～世代論から

　みなさんは自分はどういう人だと思っていますか。"やさしい"、"社交的"、"仕事より趣味が大事と思う人"など、いろいろな答えが返ってくると思います。これは個性と呼ばれていますが、しかし、そうした自分の性格や考え方、行動の特徴は、他の人々と共生していくなかで、他者のそれと似てくる面があります。生まれた年が同じならば、基本的には進学、進級、卒業、就職と同じ時期になり、同じ年齢の人たちとのコミュニケーションが多くなることから、私たちは、同世代の人々の特徴を知らず知らずのうちに身につけていることがあります。自分が属する世代の特徴を知ることは自分に気づく手がかりになります。

　まずは、あなたが世間からどのような人だと思われているか、この問題を取り上げましょう。

テーマ1　世代論より

　はじめに、みなさんよりも年齢が上の世代にはどのような特徴があると言われているのでしょうか。戦後から順にあげてみましょう。特に、各世代の就職状況や働きぶりに注目してみてください。

団塊世代：第1次ベビーブーム（1947年〜1949年）時の生まれ（命名者は堺屋太一）。

世代の人口が多い。受験地獄を経験。大学紛争の当事者。高度経済成長期に社会人へ。就職は楽勝（面接のみ）。会社に尽くせば昇進昇給できる。

keyword モーレツ社員、一億総中流、受験生ブルース、鉄腕アトム、トヨタ2000GT、シェー（1965年）、じっとガマンの子であった（1972年）、ON

新人類世代：1961年〜1970年生まれ。

1986年に "新人類" が流行語大賞。大学共通一次試験（1979年より）の経験者。スマート、あくせくしない、出世しなくてもいい、残業の少ない会社がいい。面白く軽いノリが大事。上の世代からは "常識外れ"、"幼稚"、"わがまま"、"無気力" と酷評、サブカルチャー（アニメ、テクノポップ）好き。

keyword おたく、ネクラ、ニューアカデミズム、3語族（ウッソー、ホントー、信じられなーい）、宇宙戦艦ヤマト、機動戦士ガンダム

バブル世代：1965年〜1969年生まれ。新人類の1種族。

バブル経済時（1985年〜1991年）に社会人。就職楽勝。大量採用ゆえに現在では会社の "お荷物"。ブランド志向、スキー、クルマ好き。

keyword 日産シーマ、ジュリアナ東京、私をスキーに連れてって、W浅野、オールナイトフジ、ワンレンボディコン

団塊ジュニア世代：第二次ベビーブーム（1971年〜1974年）の時の生まれ。

団塊世代の子ども。世代人口多いので高校・大学受験が厳しい。安定成長期の申し子。おしゃれでリッチな少年少女時代。自分の部屋がある。人当たり好し、個性がありそうでみんな同じっぽい。

keyword 朝シャン、15(イチゴ)、ラジカセ、ミニコンポ、腕時計、かわゆい、光GENJI、ファミコン

ポスト団塊ジュニア世代：1975年〜1980年生まれ。

ひと・モノとゆるくつながる。コギャル文化の世代。ネット、携帯電話が身近に。

keyword ルーズソックス、アムラー現象、ポケベル

就職氷河期世代：団塊ジュニアとポスト団塊ジュニアにあたる。

平成不況の中での就職活動。就職難（特に、ポスト団塊）。ロストジェネレーション（失われた世代）と呼ばれる。

keyword ワーキングプア、年越し派遣村、ネットカフェ難民、ボランティア

補足：世代論はあくまでも一般論で、当てはまらない人はたくさんいます。

　　　他にも命名された世代があります。

　　　各世代の始まりと終わりの時期については諸説あります。

⑴丸い枠の中に年齢を記入してみましょう。

⑵どの世代に興味を持ちましたか？　みんなで話し合ってみましょう。

メモ欄：

⑶わからないキーワードがあれば、メモ欄に書いてみましょう。わからなけれ
　ば、自分で調べるだけではなく、先生に聞いてみましょう！　先生はうれし
　そうに話すはずです。

メモ欄：

■テーマ2■ あなたが属する世代の特徴は？

　現代の若いみなさんは、一昔前は、よく"ゆとり世代"、"さとり世代"、"デジ
タルネイティブ世代"と呼ばれました。これ以後の新世代をあらわす言葉がそれ
ほど普及していないことなどを考えると、みなさんもこの世代の特徴を持って
いるとみていいと思います。

　いったい、みなさんの世代はどのような特徴があるのでしょうか。原田曜平
氏の著書『さとり世代　盗んだバイクで走り出さない若者たち』（KADOKAWA、
2013年10月）のなかから、現代の若者らしい言葉を取り出してみました。

物欲があまりない、恋愛に淡泊、コストパフォーマンス（低価格で高品質）
重視、リスクを取らない（安定志向）、空気を読む、優しい、上昇志向が希
薄、LINEが必須（密室での集団会話志向）、イタイと思われないようにする、
ファッションは均質化している、いいね！症候群、身の丈生活で楽しめる、
何でも面倒臭い、渇望感はない、海外離れ、ネタ消費、思い出作りがすき、
就活のためにボランティア、行動原理が就活のため、バランスのいい人に
なりたがっている、SNSで噂がすぐに広まってしまう、あまり高額な消費
は行わない、強烈に好きなモノについては採算度外視で手に入れる、草食
男子、恋愛難しい、恋仲にならないでユルいつながりのままで僕らはいよ

う、居心地のいい同性の方に向かう、なんのために異性と遊ばなければいけないのかがわからない、恋愛よりも楽しいと思えることが自分のなかではある、男女の友情も昔より成り立つ、SNSによりいつも連絡が来て束縛感が強くって嫌、あまり本音を出すことがない、社交辞令的な人間関係がすごく増えた、要領のいい強さ、ずる賢く生きていく、キャラの使い分けができる、専業主婦志向が高まっている、バリキャリ（バリバリのキャリア志向）では幸せになれない、子どもを育てながらゆるーく仕事を続ける、男の子が弱くなっている、男の子自体が優しくなっている、自慢をしなくなった、年上女子が好き、子どもは欲しい、僕・母親と映画館に行ったりランチしたりします、トップまで昇り詰めなくてもある程度の暮らしができればいい、実力主義になって何年働いたとしても上に行けるかわからない、同期と仲良くして和気あいあいとした温かい会社で働きたい、自分だけ抜きんでるというふうにはしたくない、プライベートがあまりつぶされるのは嫌だな、優しい上司に囲まれて働きたい、クビの心配をしないで長く働けるようなところがいい、人生を捨てて仕事をするって感覚はない、ただ就活だけは不安、結局自分が投票したところで何も変わらない、生活の実感として政治で変わったことがない、男女の割り勘も普通・・・。

（原田曜平『さとり世代 盗んだバイクで走り出さない若者たち』KADOKAWAより筆者要約）

(1)興味を覚えた発言や言葉があれば、しるしをつけてみましょう。

(2)こうした発言や言葉が自分に当てはまるかどうか、みんなで話し合ってみましょう。

　メモ欄：

ここは大切！

みなさんの世代の特徴は、（ア）バブル崩壊後の平成不況・経済の低迷、（イ）インターネットの発達、とりわけSNSの普及、などの現代の経済・社会的問題と深くつながっている思います。

|1-2| 職業と収入、お金

　働けば、お金がもらえます。そこで職業生活、職業人生を考える場合、お金の話を無視することはできません。そこで、世の中のお金事情に触れつつ、仕事とお金の関係、そして、あなたにとってお金＝富はどういう意味を持つのか、考えてみませんか。

■テーマ1 あの職業、その職種の収入はどれくらいなのか？

　厚生労働省は毎年、『賃金構造基本統計調査』という統計資料を発表しています。そのデータを加工すれば、毎年多少の変動はありますが、約130種類ほどの職業の月収や年収の目安がわかります。p.14〜15に掲載した表を見て下さい。年収の高い職種から順に並べています。

(1)まず、始めに、あなたの年収がいくらか、計算してみましょう。

　　月々のお小遣い×12か月＋お年玉＋年間のアルバイト収入（している人のみ）
　　で求めてみると

(2)表を見て、みんなで自由に論じ合いましょう。

- -
　メモ欄：

- -

(3)この表に掲載されていない職種の収入はどれほどなのでしょうか。例えば、

・小学校、中学校教員：東京都の公立学校を例に取れば、小中高の教員の給料表は同じである。従って、［11.高等学校教員］の付近と考えればいいです。

・国家公務員
　　一般行政職の平均年収　約669万円（平均年齢43.5歳）
　　本府省課長（50歳）　1253万3千円

本府省局長　1780万4千円

事務次官　2337万4千円

（内閣官房内閣人事局『国家公務員の給与』令和元年版（一般職は筆者が推計））

・地方公務員の平均年収（カッコ内は平均年齢）：

東京都一般行政職　711万7千円（41.5歳）

沖縄県一般行政職　584万4千円（41.0歳）

（総務省『平成30年地方公務員給与の実態（別冊）』）

・日本を代表する有名企業の平均年収（カッコ内は平均年齢）：

トヨタ自動車　851万円（38.9歳）

任天堂　891万円（37.8歳）

ソニー　935万円（43.4歳）

ソフトバンク　1164万円（40.2歳）

NTTドコモ　864万円（39.7歳）

オリエンタルランド　775万円（44.0歳）

電通　1228万円（40.3歳）

TBSホールディングス　1490万円（51.6歳）

（宝島社『日本人の給料大全』別冊宝島2603号、2017年8月）

・政治家の年収

内閣総理大臣　約4000万円

衆議院議員　2162万5975円

（衆議院事務局『衆議院ガイドブック』平成29年版）

県会議員　平均で1369万円

市区町村議員　平均で759万円

・日本の給与所得者の平均年収　432万2千円

（国税庁企画課『平成29年分民間給与実態統計調査結果について』平成30年9月）

　こうした職業・職種の年収について、どう思いますか。どのような感想を持ちますか。みんなで話し合ってみましょう。

　メモ欄：

平成30年賃金構造基本統計調査

職種別第1表　職種別きまって支給する現金給与額、所定内給与額及び年間賞与
　　　　その他特別給与額（産業計）

＊（a）が月給、（b）が賞与（ボーナス）にあたる

	区分	企業規模計（10人以上）						
		年齢	勤続年数	所定内実労働時間数	きまって支給する現金給与額（a）	年間賞与その他特別給与額（b）	労働者数	年収（a×12+b）
	男女計	歳	年	時間	千円	千円	十人	千円
1	航空機操縦士	43.0	16.0	148	1502.4	2451.5	565	20480.3
2	医師	40.9	5.5	162	890.8	921.2	7167	11610.8
3	大学教授	57.4	16.2	160	661.1	2881.7	5829	10814.9
4	公認会計士・税理士	38.6	10.5	161	564.2	2148.5	1020	8918.9
5	大学准教授	48.1	11.3	160	543.4	2152.6	3726	8673.4
6	歯科医師	37.3	5.7	168	659.6	573.7	725	8488.9
7	記者	40.4	14.8	157	521.4	1624.3	1722	7881.1
8	弁護士	36.0	7.3	164	538.6	1194.1	43	7657.3
9	一級建築士	49.4	15.7	171	449.4	1822.7	2204	7215.5
10	大学講師	42.9	7.6	159	481.9	1407.3	2359	7190.1
11	高等学校教員	42.8	14.0	168	418.1	1616.9	6926	6634.1
12	電車運転士	41.2	20.5	146	412.3	1609.6	2961	6557.2
13	自然科学系研究者	39.2	11.0	161	425.5	1425.5	4360	6531.5
14	不動産鑑定士	45.8	3.9	157	383.4	1849.0	11	6449.8
15	航空機客室乗務員	35.8	12.0	143	402.8	1308.7	1183	6142.3
16	電車車掌	37.7	16.3	151	367.8	1442.3	1638	5855.9
17	獣医師	35.1	7.5	158	415.5	862.9	333	5848.9
18	発電・変電工	38.7	15.7	154	373.6	1349.2	1084	5832.4
19	技術士	43.4	12.8	164	380.2	1052.2	4517	5614.6
20	システム・エンジニア	38.6	11.8	158	371.8	1050.3	30012	5511.9
21	薬剤師	38.6	7.6	162	379.9	877.1	5160	5435.9
22	圧延伸張工	37.4	14.9	158	355.5	982.1	1228	5248.1
23	製綱工	37.9	14.2	158	353.0	977.6	1810	5213.6
24	診療放射線・診療エックス線技師	38.5	10.5	161	348.6	946.7	3442	5129.9
25	港湾荷役作業員	42.1	14.3	156	356.2	827.4	2121	5101.8
26	自動車組立工	36.3	11.7	150	341.5	993.4	6156	5091.4
27	旅客掛	35.9	11.9	157	329.3	1128.5	3231	5080.1
28	各種学校・専修学校教員	43.6	9.8	169	351.0	802.1	4081	5014.1
29	自動車外交販売員	36.7	12.2	166	339.1	936.0	4946	5005.2
30	社会保険労務士	50.8	13.7	176	359.5	683.4	36	4997.4
31	クレーン運転工	43.4	12.6	169	355.1	650.6	2103	4911.8
32	化学分析員	38.4	10.5	159	321.0	1011.8	3222	4863.8
33	電気工	40.2	13.4	175	334.1	798.8	9718	4808
34	非鉄金属精錬工	41.7	15.4	160	316.6	1007.1	1099	4806.3
35	看護師	39.3	8.2	158	331.9	816.5	64538	4799.3
36	一般化学工	38.7	12.3	160	316.0	997.7	6466	4789.7
37	型鍛造工	39.3	13.0	171	308.5	1080.9	1409	4782.9
38	半導体チップ製造工	42.0	14.8	156	331.0	807.6	1939	4779.6
39	臨床検査技師	39.7	11.3	160	319.9	896.5	4300	4735.3
40	配管工	44.1	12.3	176	318.1	910.9	3058	4728.1
41	機械修理工	40.0	12.7	163	318.4	888.5	5325	4709.3
42	機械製図工	38.9	11.1	169	322.3	796.6	2728	4664.2
43	掘削・発破工	46.9	15.5	167	323.7	772.9	127	4657.3
44	オフセット印刷工	39.6	15.2	162	331.6	669.9	2373	4649.1
45	測量技術者	45.4	14.2	171	324.8	746.7	2242	4644.3
46	営業用バス運転者	51.2	11.1	169	327.9	659.7	8571	4594.5
47	営業用大型貨物自動車運転者	48.6	12.0	176	353.5	326.8	28859	4568.8
48	製紙工	40.3	15.2	153	304.0	916.8	1555	4564.8
49	金属・建築塗装工	40.8	11.4	168	320.2	722.2	1944	4564.6
50	鉄鋼熱処理工	40.0	11.7	167	316.9	759.3	997	4562.1
51	鉄筋工	44.8	12.9	167	328.2	534.8	917	4473.2
52	旋盤工	41.7	12.8	172	311.2	691.4	3275	4425.8
53	板金工	42.3	13.0	175	308.4	677.7	2484	4378.5
54	鉄工	41.9	11.5	171	298.0	744.4	5294	4320.4
55	鋳物工	39.9	11.0	167	306.1	644.3	1297	4317.5
56	プロセス製版工	41.4	12.9	174	307.6	621.4	483	4312.6
57	バフ研磨工	37.7	10.4	177	306.1	603.0	628	4276.2
58	自動車整備工	36.8	11.4	168	294.3	739.2	13372	4270.8
59	フライス盤工	41.3	12.7	176	305.3	588.3	1519	4251.9
60	重電機器組立工	39.4	11.3	163	285.6	818.9	1184	4246.1
61	保険外交員	45.5	10.1	142	305.9	555.1	15372	4225.9
62	溶接工	39.5	11.3	171	303.3	579.9	7123	4219.5

14

	区分	企業規模計（10人以上）						
		年齢	勤続年数	所定内実労働時間数	きまって支給する現金給与額（a）	年間賞与その他特別給与額（b）	労働者数	年収（a×12＋b）
	男女計	歳	年	時間	千円	千円	十人	千円
63	とび工	41.8	10.1	173	322.6	335.9	2309	4207.1
64	機械検査工	41.2	11.3	161	287.0	758.3	3613	4202.3
65	化繊紡糸工	38.9	11.4	157	281.7	816.3	468	4196.7
66	自家用貨物自動車運転者	48.3	10.3	176	319.1	361.1	7167	4190.3
67	プログラマー	32.3	6.3	162	298.5	601.2	8436	4183.2
68	営業用普通・小型貨物自動車運転者	45.9	10.4	176	315.7	379.6	25227	4168
69	デザイナー	36.1	8.1	172	304.2	506.5	2643	4156.9
70	ボイラー工	48.1	12.5	162	292.5	617.5	598	4127.5
71	金属プレス工	41.4	11.5	171	290.9	631.9	5887	4122.7
72	仕上工	42.4	12.3	168	292.4	600.9	3182	4109.7
73	歯科技工士	40.0	10.3	173	303.8	463.3	542	4108.9
74	玉掛け作業員	44.7	10.8	168	304.2	450.7	672	4101.1
75	理学療法士、作業療法士	32.9	6.1	163	285.2	662.2	13246	4084.6
76	機械組立工	40.3	10.2	165	284.0	642.5	14572	4050.5
77	准看護師	49.2	11.6	160	280.2	657.7	15718	4020.1
78	建設機械運転工	48.9	12.4	169	298.8	430.2	4260	4015.8
79	合成樹脂製品成形工	39.8	10.9	167	285.0	568.3	6466	3988.3
80	電気めっき工	39.7	10.6	171	287.9	533.5	1546	3988.3
81	電子計算機オペレーター	41.1	11.5	163	276.3	655.8	1790	3971.4
82	左官	45.5	17.0	177	301.2	320.9	745	3935.3
83	型枠大工	47.7	13.9	171	306.3	250.2	1073	3925.8
84	金属検査工	40.1	12.0	164	270.5	615.3	1813	3861.3
85	ガラス製品工	42.1	9.8	164	275.6	551.8	1148	3859
86	介護支援専門員（ケアマネージャー）	48.9	8.9	165	269.2	623.6	7392	3854
87	個人教師、塾・予備校講師	36.1	7.5	166	280.9	429.4	1824	3800.2
88	木型工	43.2	11.6	176	272.2	515.8	170	3782.2
89	大工	48.0	11.5	173	293.4	260.2	1330	3781
90	紙器工	41.3	13.0	171	273.9	462.3	2686	3749.1
91	土工	49.2	11.0	172	284.2	285.0	8036	3695.4
92	精紡工	42.0	13.9	152	249.4	653.5	116	3646.3
93	歯科衛生士	34.9	5.8	167	268.0	423.0	2363	3639
94	ワープロ・オペレーター	42.1	10.2	161	257.3	545.1	2301	3632.7
95	通信機器組立工	41.3	11.3	167	260.7	489.3	1538	3617.7
96	幼稚園教諭	33.7	8.0	170	241.3	706.1	7598	3601.7
97	はつり工	40.1	7.8	175	286.4	150.5	281	3587.3
98	家庭用品外交販売員	47.8	13.1	170	264.5	410.5	495	3584.5
99	保育士（保母・保父）	36.8	8.1	169	239.3	707.7	22962	3579.3
100	建具製造工	43.5	11.9	175	257.9	382.3	563	3477.1
101	タクシー運転者	59.9	9.7	168	274.5	170.7	14829	3464.7
102	栄養士	35.0	7.1	167	239.6	586.0	7017	3461.2
103	陶磁器工	40.8	11.2	162	250.0	452.7	385	3452.7
104	調理士	43.9	8.7	172	253.7	377.1	16725	3421.5
105	福祉施設介護員	41.9	7.0	165	239.7	519.9	77632	3396.3
106	家具工	43.7	12.8	173	248.7	355.2	1316	3339.6
107	ホームヘルパー	46.8	7.5	165	241.1	440.3	7473	3333.5
108	娯楽接客員	36.4	7.5	166	252.5	294.0	8871	3324
109	販売店員（百貨店店員を除く。）	39.9	9.3	168	243.2	388.2	48282	3306.6
110	製材工	45.0	11.2	177	240.7	414.7	922	3303.1
111	パン・洋生菓子製造工	39.5	10.1	165	243.0	314.3	5149	3230.3
112	百貨店店員	42.5	12.6	160	230.5	432.3	6334	3198.3
113	軽電機器検査工	43.0	10.2	167	232.9	344.9	622	3139.7
114	警備員	51.9	8.5	168	237.2	248.0	18782	3094.4
115	給仕従事者	39.0	6.7	173	240.3	189.0	12343	3072.6
116	プリント配線工	39.6	9.4	166	220.1	392.9	1537	3034.1
117	看護補助者	46.8	9.0	158	213.9	464.2	12534	3031
118	自家用乗用自動車運転者	56.9	6.2	170	236.6	190.3	1858	3029.5
119	理容・美容師	32.0	7.3	173	245.9	72.1	1853	3022.9
120	織布工	40.3	9.7	177	216.9	323.4	380	2926.2
121	用務員	55.6	10.1	162	212.2	354.8	1348	2901.2
122	キーパンチャー	40.3	9.2	160	221.0	248.5	515	2900.5
123	守衛	59.2	9.9	169	215.8	309.2	1008	2898.8
124	洗たく工	46.7	10.4	172	210.1	168.0	1824	2689.2
125	調理士見習	42.6	6.1	171	210.7	117.6	4282	2646
126	スーパー店チェッカー	41.4	9.5	166	199.8	231.2	3803	2628.8
127	ビル清掃員	52.6	8.4	165	195.6	177.7	6989	2524.9
128	ミシン縫製工	45.4	12.1	172	163.0	124.9	3623	2080.9
129	洋裁工	44.0	10.2	169	153.7	102.9	270	1947.3

第1章　あなたの立ち位置 〜 職業をめぐる現在

テーマ2 仕事と収入

　職業選びにとって収入の多い・少ないという問題をどこまで重視するのかは、人によって違ってくるでしょう。仕事と収入の関係について、あるいは、収入（お金）の持つ意味について、どう考えるべきでしょうか。

　次の2つの話を読んで自由に考え、話し合ってみましょう。

（ア）アメリカの鉄鋼王アンドリュー・カーネギー[*1]の自叙伝より：

　カーネギーは若い頃、ペンシルヴァニア鉄道会社の事務員・電信技手として就職していました。24歳の時、上司であるスコットと次のようなやりとりをしています。文中の最初に出てくる「彼」はスコット、最初に出てくる「君」、「私」はカーネギーです。また、「俸給」とは給与のことです。

　「それで」と彼はことばをついだ。「現在の主任ポッツさんは昇格して、本社の運輸部長に決まったので、君をその後任に社長に推薦したのだ。社長はやらせてみようといってくれたんだ。それで、君はいくら俸給を欲しいんだい？」

　「俸給ですって」と、私はすっかり気を悪くして答えた。「俸給がなんだといわれるんですか。そんなものはいりません。私はその地位が欲しいんです。あなたが元いらっしゃったピッツバーグ管区に私が帰って行けるということだけで私にすぎた名誉なのです。俸給のことなどみんなおまかせいたします。現在いただいているのだけで十分です」

　それは月65ドルであった。

　「君は知っているが」とスコット氏はいった。「私はあそこで年1500ドルとっていた。ポッツさんは現在1800ドルもらっている。君は1500ドルで始めて、成功したら1800ドルにするというのがいいと思うんだ。それでいいかい？」

　「どうぞお願いです。お金のことなんかいわないで下さい」と私はいった。

（アンドリュー・カーネギー　坂西志保訳『カーネギー自伝』中公文庫、2013年4月、109頁）

---

*1　アンドリュー・カーネギー（1835-1919）：アメリカの実業家。スコットランド生まれで、13歳のときに家族でアメリカに移住する。鉄道会社に勤めて貯めた資金を元手に、最初、鉄橋を作る会社を設立する。その後企業家として成長し、カーネギー製鉄会社を設立経営するまでに至る。鉄鋼王と呼ばれた。

メモ欄：

（イ）次の一文は、首都圏に住むシングルマザーの仕事と生活の様子です。この
　　　女性の子どもは３人（高校３年の男子、中学３年の女子、中学１年の男子）
　　　です。

　　本当に忙しいです。朝５時半に起きて子どもたちのお弁当をつくって、
洗濯して、バスに乗って会社に出社して、買い物して、ご飯をつくって、
片付けて、お風呂入って洗濯して、自由になる時間は23時過ぎになります。
　　それでひと息つければいいけれど、それから明日明後日のお金のことで
悩む。本当にずっと最低限の生活しかしていないのに、お金は全く足りな
い。・・・・・・
　　いまの時給1000円のパート事務も１年前に探しに探して、やっとたどり
着けた時給1000円です。それまではずっと時給850〜900円だったので、
もっと生活は厳しかった。・・・・・・
　　いま、中学１年の下の子が中学卒業すれば、夜にダブルワークはできる
かもしれないけれど、いまは息つく暇さえないくらい忙しい。シングル家
庭の限界です。無理です。
　　　　　　（中村淳彦『東京貧困女子』東洋経済新報社、2019年4月、216-220頁）

補足：この女性の１か月の収入は19万円で、固定費（家賃、携帯代、光熱費等）
　　　の５万３千円を差し引くと、13万７千円。長男がアルバイト代のうち２万
　　　円を母親に渡している。

メモ欄：

　古今東西の思想家はお金、富、財産について、多様に論じています。それをいくつか紹介します。あなたはどの思想家の言葉に共鳴するでしょうか。みんなで話し合ってみましょう。

・フランスの思想家 J.J.ルソーの言葉：

　「富に野望を抱いたりしないで、それなしで済ませるすべを学びたまえ。金持の傲慢さを軽蔑しなさい。そして、もっと気高い目標のなかに幸福を求めることを、君自身の欲得のない態度によって、人々に教えてやりたまえ」

　　　　　　　　　　（ルソー『富に関する論』（『ルソー全集』第5巻、白水社1979年8月、56頁））

・イエス・キリストの言葉：

　「それから、イエスは弟子たちに言われた。『まことに、あなたがたに告げます。金持ちが天の御国にはいるのはむずかしいことです。まことにあなたがたにもう一度、告げます。金持ちが神の国にはいるよりは、らくだが針の穴を通るほうがもっとやさしい』」

　　　　　　　　　　　　　　　　　　（新約聖書『マタイの福音書』）10. 23・24）

・明治を代表する思想家 福沢諭吉の言葉：

　「80にもなる爺さん、婆さんが余命は長くはないのに、少年少女の時と変わらずにカネを大事にしている。いやいや却って歳を取るほどその大切さがわかるかのようだ。そうであるならば、人がカネに執着するのは何かの用のためなのではなく、人の固有の性質なのだ。まるで、春や夏にミツバチが冬に備えて、必要量を測ることなく、過剰に蜜を集めることと同じなのだ。人がカネを貯め込むことは、一笑に附して済ませたくなるだろうが、（子孫のためを思ったり、先祖への責任を果たすなど）それなりの理由もある。また、カネを貯めることは、社会にとって多いに利益になる。だから、蓄財（カネを貯めること）をあっさりと笑い飛ばすのは思慮の足りないことなのだ」

　　　　　　　（服部禮次郎編者『福翁百話』慶應義塾大学出版会　2009年6月72-73頁より筆者現代語訳）

・明治、大正時代の大実業家 渋沢栄一の言葉：

　「富を蔑視する如きは、誠によろしくない心がけである。人はいかに富貴を得ても、その心がけさえ正当であれば、清貧の境涯におけると等しく、立派に道徳のうえに立って処世のできるものである。また、正道によって獲得した富は、

容易にその人の手中（てのうち）から逃げて行かず、ながく留（とど）まっているものである」

（渋沢栄一『実験論語処世談』実業之世界社1923年1月199頁。一部の漢字をひらがなに書き換え）

メモ欄：

テーマ4　結婚相手と年収

　下のグラフは、男性（女性）が結婚相手として、女性（男性）にどれくらいの年収を求めるのかと尋ねたアンケート調査の結果です。このグラフを見て、思ったことをみんなで話し合ってみましょう。

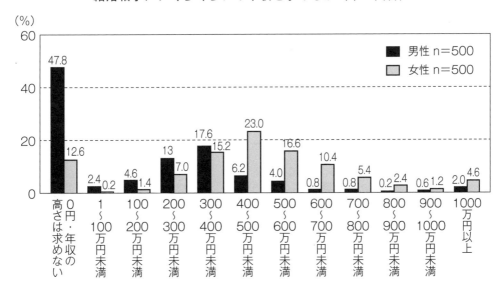

結婚相手にいくらくらいの年収を求めるか（単一回答）

（メディケア生命調べ「イマドキ男女の結婚観に関する調査2017」（インターネット調査）2017年9月～10月調査、全国の20歳～39歳の結婚願望のある未婚の男女1000名対象）

メモ欄：

|1-3| フリーターと若年無業者、パラサイト・シングル

テーマ1 フリーターの意識

政府はフリーターを次のように定義しています。

フリーター：15歳から34歳で、男性は卒業者、女性は卒業者かつ未婚者のうち、以下の者の合計。

ア．雇用者のうち、勤め先でパート・アルバイトの名前で雇用されている者

イ．完全失業者であるが、パート・アルバイトで仕事を探している者

ウ．非労働力人口に属するが、希望する仕事がパート・アルバイトであるとする者

簡単に言えば、15〜34歳の人で、学校に行っている人や主婦は除いた、アルバイトやパートで働いている人です。

"フリーター"とはもともとフリーアルバイターの略語でこれは和製英語です。外国人に言っても伝わりません。この言葉は、1980年代後半（バブル経済で景気がいい時期）に大手の求人雑誌で登場したことがきっかけで広まりました。

今から30年以上前の当時、フリーターはどういう人たちと見なされていたのか、それをあらわす一文が次のようなものです。

> 「1987年、既成概念を打ち破る新・自由人種＝フリーターが誕生した！敷かれたレールの上をそのまま走ることを拒否し、いつまでも夢をもちつづける。たちはだかる困難からさらりとスマートに身をかわす。そして何よりも自由を愛する。世の中のワクにはまることなく夢を追い求めるフリーターこそ、社会を遊泳する究極の仕事人」。
>
> 「可能なかぎり、自由に生きたい。
>
> やってみたいこと、知りたい世界がある。
>
> 自分の可能性も試してみたい。
>
> そのための経験、そのためのバイト体験。
>
> 　自ら行動し、その経験、体験によって自らが変わる。
>
> そんな生き方ができる時がある。
>
> 　その人は、フリーター。
>
> 　その時は、フリーター」。

> （フロム・エー編集部＋アルファトゥワン編集『フリーター』
> リクルート　フロム　エー発行1987年11月　扉絵の裏と224頁）

⑴現在、あなたが持っているフリーターのイメージを思い出しつつ、上の文章
について、みんなで話し合ってみましょう。

メモ欄：

⑵フリーター数の推移を示す次のグラフを見て気づいたことをみんなで話し合っ
てみましょう。

若年層（15〜34歳）のパート・アルバイト及びその希望者の推移

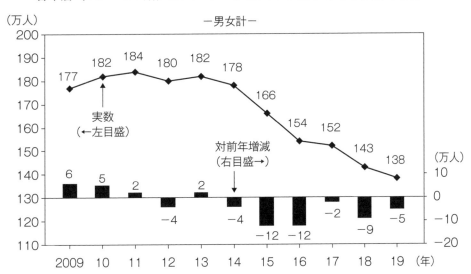

（総務省統計局『労働力調査（詳細集計）2019年（令和元年）平均（速報）』2020年2月14日公表）

メモ欄：

フリーターの分類

　日本労働研究機構の研究者（小杉礼子氏、上西充子氏等）は、フリーターからの聞き取り調査により、フリーターを次のように分類しています。

フリーターの類型：

1．モラトリアム型（割合：男性の4割、女性の4割）

　(1)離学モラトリアム型：職業や将来に対する見通しを待たずに教育機関を中退・修了し、フリーターとなったタイプ

　(2)離職モラトリアム型：離職時に当初の見通しがはっきりしないままフリーターとなったタイプ

2．夢追求型（割合：男性の2割、女性の3割）

　(3)芸能志向型：バンドや演劇、俳優など、芸能関係を志向してフリーターとなったタイプ

　(4)職人・フリーランス志向型：ケーキ職人、バーテンダー、脚本家など、自分の技能・技術で身を立てる職業を志向してフリーターとなったタイプ

3．やむを得ず型（割合：男性の4割、女性の3割）

　(5)正規雇用志向型：正規雇用を志向しつつフリーターとなったタイプ、特定の職業に参入機会を待っていたタイプ、および比較的正社員に近い派遣を選んだタイプ

　(6)期間限定型：学費稼ぎのため、または次の入学時期や就職時期までといった期間限定の見通しを持ってフリーターとなったタイプ

　(7)プライベート・トラブル型：本人や家族の病気、事業の倒産、異性関係などのトラブルが契機となってフリーターとなったタイプ

（日本労働研究機構・若者の就業行動研究会「フリーターの意識と実態―97人へのヒアリング結果より―」『調査研究報告書』No.136、2000年7月、5頁）

---

(1)次の14人は今挙げたフリーターのどのタイプに属するでしょうか。記入欄に1から7までの数字を書いて分類してみましょう。みんなで相談しながら取り組んでもいいです。

☞解答は清水書院Webサイトに掲載

Aさん：内定もらった会社に勤めてわかったことは、ブラック企業だったこと。残業代はまともにもらえずひどかった。先のことは考えずにとにかく辞めた。いまは生活費を稼ぐために駅前の八百屋でバイトしている。トランプ大統領が日本に売りつけたとの噂の飼料用トウモロコシを北海道産スイートコーンだなんて偽って売っている。駄目だろこれ。

Bさん：4月からお笑いタレントのマネージャやります。ヤミ営業はやらせない
ぞ。でもそれまでは、ヒマだし生活費もヤバいので、カラオケボック
スでバイトを始めました。みんなへたくそ！

Cさん：マスコミ、商社、銀行、生保、損保といった給料のいい業界ねらいで
就活したけど全落ちした。結局、フリーター。いまはパソコンショッ
プで働いている。店長は大の数学マニアで、"クワガターカメ＝$3\sqrt{タコ}$"
だなどと言っている。マジか。

Dさん：また、地元の県の教員採用試験に落ちた。これで3回目。集団討論で、
隣の奴の発言を真っ向から否定したのがいけなかったのか。模擬授業が
つまらない講義型になっちゃったのがいけなかったのか。生活費を稼ぐ
ためにはどこかでバイトしなければ。で、選んだのが郵便配達。保険
の仕事じゃないしお客さんに不正なことはしてないよ。

Eさん：オレ、友達から歌うまいねって言われていたから、その気になって、
TVカラオケバトルランキングに挑戦したらサビの所でメッチャはずし
た（涙）。でもめげないぜ。バイト先の、客のいない深夜のコンビニで
1人で歌唱力をみがいているのさ。揚げ物用のトングをマイク代わりに
（後で洗ってるよ）。将来は大物演歌歌手だぜ！

Fさん：夜中にYouTubeの見過ぎか、朝起きられない。高校では「保健」の欠時
がふえすぎて進級ができないと言われた。留年しても同じことの繰り返
しになるに決まっているから退学した。今は、中学の地元の奴と一緒
にビルの解体工事現場でバイトしてる。

Gさん：経理の専門学校に通いたいけど、2年間バイトして学費を貯めた後に
通うことにしました。バイトは学習塾の事務。ちょっと年上で古文を教
える先生がいて。由香里さんって言うんだけど、何故か、みんなから
ユキちゃんって呼ばれている。色白で清楚で、あこがれるわー。この
前授業で、たそがれ時とは……、なんて授業をしていました。これっ
て、『○○○○。』の世界？

Hさん：あたし、この前まで、大手生命保険会社に勤めていたんだけど辞めた
の。小さい頃からのあこがれはケーキを作る職人さんになることだった
ので。いまは、地元の洋菓子店で見習いで働いています。店長さん、
なぜか"ガーリックテイストレッドペッパーブルータピオカケーキ"って
モノ作っているの。この店大丈夫？

Iさん：勤め先で会社の金を使い込んでいるなんて言いがかりを付けられて、会
社を辞めざるを得なくなった。いまは友人の紹介で、スポーツジムで

バイトしている。オーナーは本当にスポーツ好きな人。○○町のラグビーチーム［ワンチーム］のナンバー・エイト。知ってる？　このチーム？　Ｊリーグだぞ（はあ？）。

Ｊさん：オレ、○×△学園高校を退学したよ。だって、授業がおもしろくないんだもん。とくに、あの［　　　　　］って、チョー役に立たない科目。担当教師［　　　　　］とかいう奴のギャグがめっちゃうざかった。でも昼間はヒマなのでバイトして稼いでる。

Ｋさん：あたし、○○58にあこがれているのぉ！　このまえ、オーディション受けた！　落ちた（涙）。夢はアイドル、握手会でたくさんのファンと握手するのぉ。でも今はとりあえず、アキバのメイドカフェでバイトしてる。わたし、絶対にファンとつきあわないから。

Ｌさん：正社員でしたが、先輩女子から、ぶりっ子だとか、メイクがヘンとかひどいこと言われ続けて辛くて辞めました。今は銀座のクラブでバイトしています。社長さん、プロ野球選手、お医者さんからいっぱいプレゼントもらっちゃって、ウフフ。

Ｍさん：オレ、寿司職人になりたいので、知り合いの寿司屋「ラブラブ寿司」で皿洗いなどのバイトをしているんだ。店内はハートマークだらけ♡♡ピンク色の海苔巻きもあります。この店での修行が心配……。

Ｎさん：あこがれのＩＴ系企業のシステムエンジニアとして就職したけど、残業が月100時間とひどいので辞めちゃった。これからどうするという見通しはないんだけど、今は新宿の「キッチン・ボッタクリー」でバイトしている。お客が来ない店だからヒマヒマ。なんなんだこの落差。

Ａさん：	Ｂさん：	Ｃさん：	Ｄさん：
Ｅさん：	Ｆさん：	Ｇさん：	Ｈさん：
Ｉさん：	Ｊさん：	Ｋさん：	Ｌさん：
Ｍさん：	Ｎさん：		

(2)"夢追求型"のフリーターについてはどのように思いますか。みんなで話し合ってみましょう。

メモ欄：

テーマ3　若年無業者

　若年無業者とは一般的にはニートと呼ばれ、政府の定義は次のとおりです。

　若年無業者：15～34歳で、非就労（働いていない）、非求職（職を求める活動
　　　　　　をしていない）、非通学（学校に行っていない）、非家事（主婦・
　　　　　　主夫ではない）という人たち。

　カタカナのニートとは、英語のNEET（Not in Education, Employment or
Training）から生まれたのですが、"Not in Employment"には、求職中だが、
就職できていない若年失業者も含まれています。

　しかし、日本語のニートには含まれていません（定義上、非求職のため）。そ
こから、日本語のニートには働く気のない人のイメージが定着し、ニート＝引
きこもり、のイメージまで生まれてしまったのです。この言葉を安易に使うの
は気を付けたいものです。

(1)下の若年無業者の推移のグラフを見て、気付いたことをみんなで話し合って
　みましょう。

若年無業者及び35～44歳無業者の数及び人口に占める割合の推移

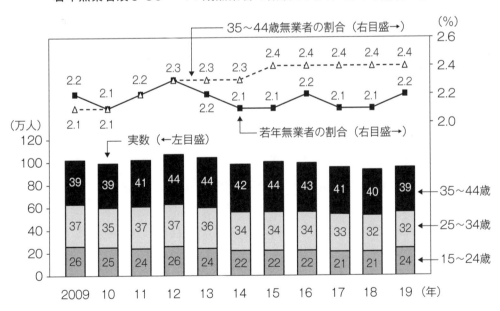

（総務省統計局『労働力調査（基本集計）2019年（令和元年）平均（速報）』2020年1月31日公表）

メモ欄：

----

(2)次の文章は、（ア）が24歳・中卒・男性が語った話、（イ）は24歳・高校卒・女性が語った話です。2人にはフリーターであったり、無業であったりする様子が見えます。これを読んで、この2人にはどのような支援や援助が必要であると思いますか（あるいは“必要ではない”という意見も許容します）。みんなで話し合ってみましょう（カッコ内はインタビュアーの発話です）。

☞解答は清水書院Webサイトに掲載

（ア）もうぎょうさん面接やら行って、受かったのに行っていないとかありますから、そういうのを全部含めたらもういっぱいあるんですよ。だから、回転ずしへ行って。3日でやめたり。（これはどうやって探したんですか？）これは職安ですね。受かって3日行ったんですけど、次の日からやめました。（何で？）起きれなかったからですね。…あと段ボールの倉庫の、段ボールをつくる仕事ですけど、段ボールの組み立てるまでの。受かったんですけど、行ってないですね。（中略）（それは何で？）起きれなかったんです。それ。起きたらもう次の日の晩なんですよ。ああーという感じですよ。（行く気はあったの？）行く気はありましたよ。行く気はあったんですけど、ぱっと起きたらもう晩なんですよ（24歳・中卒・男性）

（イ）（高校卒業後どうしようと考えていました？）そのときあまり考えてなくて、進学とかも考えてなくて、そのままあなあなのまま卒業しちゃった。（中略）高校のときとか結構、面倒くさいの感があったから、大学にこんなんで通えるのかなって。…遠かったというか、行くのがだるいというか。（学校の先生は何か言ってました？）言ってました。どうするの、どうするのって。（何て答えてたの？）どうしましょうねって。…何ていうか、そのときはほんとうに考えていなかった。ゆっくり考えていけばいいかなぐらいに。（ちゃんと決めないと進学できないとかいう気持ち？）多分、あんまり考えたくなかったというか、何かそういう面もあったような。何か定まんないと行けないのかわからないけど、考えてない。周りもそういう子が多かったし。…そのぐらいには、何か動いているだろうなぐらいに考えて（24歳・高校卒・女性）

（独立行政法人労働政策研究・研修機構『労働政策研究報告書 No.6 移行の危機にある若者の実像
―無業・フリーターの若者へのインタビュー調査（中間報告）』2004年5月、12頁、21頁）

メモ欄：

テーマ4　パラサイト・シングル

　社会人になっても親元に居続ける独身者のことをパラサイト・シングルと呼びます（parasite、寄生するの意味）。家族社会学が専門の山田昌弘中央大学教授が命名した言葉です。1990年代の終わりから注目されてきました。

(1)この言葉がはやりだした当時はどのような人達をパラサイト・シングルとみていたのでしょうか。次の文章を読んでみんなで話し合ってみましょう。

　流行のパンツスーツにラベンダー色のセーター。A美さんは、都内の外資系企業に勤める独身の34歳。都心のマンションに両親と同居している。30歳を過ぎても親との同居を続ける理由は、利便性と居心地のよさという。

　"なんといっても都心にあって便利。1人暮らしとなると（金銭的に）勤め先から遠い所にしか住めない。食事が出てくるのもありがたいし…。なんかオヤジみたいですけどね（笑）"（A美さん）。

　……給料から毎月6万円を母親に渡す。それ以外は"洋服代や年に2回の海外旅行"に消える。

　……結婚だってする気はある。でも、なかなか、"この人なら"という人がいない。妥協してまで結婚したくはない。

　母親も、結婚以外の理由で娘が家を出ることに賛成していないようだという。

（『週刊読売』1999年11月28日号、22頁）

メモ欄：

---

(2)現代では、パラサイト・シングルとはフリーターの人達が収入が少なく、生活が安定しないために自立できず、実家に居続ける［寄生する］という意味の方が強くなってきています。

　フリーターが親元にパラサイトし続けると、将来、どのようなことが起こりうると思いますか。みんなで話し合ってみましょう。

メモ欄：

| 1 - 4 | 職業に就く実態、辞める実態

　みなさんは、高校や専門学校、大学等を卒業したら、就職することでしょう。その職業は何なのか、その時の職場はどのようなものなのか、考えると期待と不安が混ざり合った気持ちになるのかも知れません。

　あこがれの職業は？　どんな職業に就きたいの？　よくある問いですね。ですがこの問いかけ、実はいくつかの問題点があるのではないかと思えるのです。

テーマ1　あこがれの職業は？　就きたい職業は？

　小学生の頃を思い出してみましょう。あの頃、みなさんはどんな職業にあこがれていたのでしょう。そして今はどうでしょうか。

(1)次の表は、新しく小学1年生になった子どもを対象に、「将来就きたい職業」を尋ねた回答の上位20位です。これを見て思ったこと、感じたことをみんなで話し合ってみましょう。

[小学生] 就きたい職業ランキング

	女の子編			男の子編	
1位	ケーキ屋・パン屋	26.7%	1位	スポーツ選手	20.1%
2位	芸能人・歌手・モデル	9.0%	2位	警察官	14.2%
3位	花屋	6.2%	3位	運転士・運転手	8.8%
4位	看護師	5.6%	4位	消防・レスキュー隊	8.3%
5位	保育士	5.0%	5位	研究者	5.7%
6位	アイスクリーム屋	4.6%	6位	TV・アニメキャラクター	5.5%
7位	教員	4.4%	7位	ケーキ屋・パン屋	3.8%
8位	医師	4.3%	8位	医師	3.5%
9位	美容師	4.2%	9位	大工・職人	2.3%
10位	警察官	3.0%	10位	芸能人・歌手・モデル	2.0%
11位	TV・アニメキャラクター	2.7%	11位	パイロット	1.8%
12位	スポーツ選手	2.2%	12位	料理人	1.8%
13位	販売・接客業	2.1%	13位	ユーチューバー	1.8%
14位	自営業	1.5%	14位	自営業	1.5%
15位	動物園・遊園地	1.5%	15位	会社員	1.5%
16位	ペットショップ・トリマー	1.4%	16位	車整備・販売	1.4%
16位	獣医師	1.4%	16位	鉄道・運輸関係	1.4%
18位	デザイナー	1.2%	18位	エンジニア	1.4%
19位	バレリーナ・ダンサー	1.0%	19位	ゲームクリエイター	1.3%
20位	医療関係	0.9%	20位	教員	1.0%
			20位	動物園・遊園地	1.0%

　（株式会社クラレ調べ。「2019年版 新小学1年生が将来就きたい職業、親が就かせたい職業」調査対象：2019年4月に小学校に入学する子どもとその親、有効回答：子ども4000名（男女各2000名）、調査方法：クラリーノ製ランドセルを購入した方にアンケートを実施、2018年5月〜2019年1月のインターネット回答分から有効回答を抽出）

メモ欄：

⑵次の表は、高校２年生男女を対象に、「将来就きたい職業」について尋ねたアンケート調査結果です。これを見て、思ったこと、感じたことをみんなで話し合ってみましょう。

[高校生] 就きたい職業ランキング（就きたい職業が「ある」・職業回答者／自由回答）

全体		
順位	職業	(n=1093)
1	教師	11.4
2	公務員	10.0
3	看護師	9.1
4	建築士・建築関連	6.1
5	医師・歯科医師・獣医	5.9
6	技術者・研究者	4.3
7	保育士・幼稚園教諭・幼児保育関連	4.2
8	薬剤師	3.0
9	製造業（自動車・造船など）	2.9
10	放射線技師・臨床検査技師	2.7
10	理学療法士・作業療法士・言語聴覚士・リハビリ	2.7
10	エンジニア・プログラマー・IT関連	2.7
13	調理師・シェフ・パティシエ・フード関連	2.2
14	イラストレーター・アニメーター・ゲーム関連	1.8
15	俳優・ミュージシャン・声優・芸能関連	1.7
15	美容師・ヘアメイクアーティスト・美容関連	1.7
15	会社員	1.7
18	トリマー・動物関連	1.6
18	デザイナー・設計士	1.6
18	司書・学芸員	1.6

（一般社団法人全国高等学校PTA連合会・株式会社リクルートマーケティングパートナーズ
第９回 [高校生と保護者の進路に関する意識調査] 2019年より
調査期間：2019年9月〜10月、調査対象：全国の高校２年生（9都道府県の公立高等学校）、有効回答数：高校生1,997人）

メモ欄：

⑶高校２年生男女に尋ねたアンケート調査結果で、就きたい職業ランキングにあがった職業の多くには、共通した特徴があります。それは何でしょうか。みんなで話し合ってみましょう。

メモ欄：

　次のグラフは、2018年3月に大学を卒業して就職した人（436,156人、大学卒業者のうちの77.1％）が、実際どのような職業、職種に就いたのか、その一例をあらわしています。

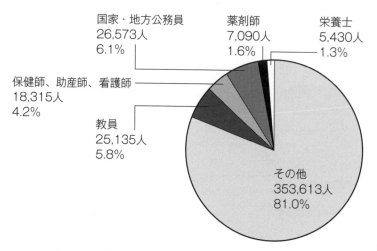

（文部科学省『学校基本調査／平成30年度高等教育機関《報告書掲載集計》卒業後の状況調査／大学)

(1)前ページの「［高校生］就きたい職業ランキング」と比較して下さい。教員、看護師、公務員など、どれも高校生の時の希望をあらわす比率に比べて、実際に就業した人の比率は少ないです。なぜ、少ないのでしょうか。みんなで話し合ってみましょう。

- -

メモ欄：

- -

補足：大学院に進学した後に、教員、公務員になる人もいますので、実際の人数は増えるでしょう。例えば、2018年3月に大学院修士課程修了者のうち、教員になった人が3,113人います。2018年学部卒業者と同学年の人が2年後、修士課程修了後に教員になる場合、その人数も3,113人であると仮定すれば、25,315人＋3,113人＝28,248人となり、その割合は、6.5％になります。

⑵下の表は同じく、2018年3月に大学を卒業して、就職した人（436,156人）が実際、どのような産業に従事したのか、その一部を示しています。

産業	就職者数（比率）
鉱業・採石業・砂利採取業	105人　　（0.02%）
建設業	20,430人　　（4.7%）
製造業	52,083人　　（11.9%）
情報通信業	41,866人　　（9.6%）
運輸・郵便業	13,742人　　（3.2%）
卸売業・小売業	68,480人　　（15.7%）
金融業・保険業	35,100人　　（8.0%）
不動産・物品賃貸業	14,143人　　（3.2%）
宿泊業・飲食サービス業	10,415人　　（2.4%）
生活関連サービス業・娯楽業	11,716人　　（2.7%）
以上の産業に従事する合計人数	268,080人　　（61.5%）

（文部科学省『学校基本調査／平成30年度高等教育機関《報告書掲載集計》卒業後の状況調査／大学）

　これらの産業に就職した人達は、ほぼ全員民間企業に勤めている、いわゆる、会社員です。少なくとも、2018年の大卒者で就職した人の61.5%は、会社員になっています。「［高校生］就きたい職業ランキング」と比較して下さい。会社員を希望した人の比率は、たったの1.7%に過ぎませんでした。このギャップは何を意味しているのでしょうか。みんなで話し合ってみましょう。

メモ欄：

7－5－3現象とは

　せっかく内定が決まり、就職したにもかかわらず、実は辞めていく人も多いのです。

　一般的には、

　　中学卒業段階で就職した企業を3年以内で辞めていく人の割合が7割、

　　高校卒業段階で就職した企業を3年以内で辞めていく人の割合が5割、

　　大学卒業段階で就職した企業を3年以内で辞めていく人の割合が3割、

　と言われており、これは7－5－3現象と呼ばれます。

　実際はどのようになっているのでしょうか。

　下の表は、2016年（平成28年）3月に卒業した中卒、高卒、大卒の就職者の離職状況を示しています。

学歴	就職者数	3年目までの離職者数・離職率			
		3年間の合計	1年目	2年目	3年目
中卒	1,190人	743人 （62.4%）	489人 （41.1%）	162人 （13.6%）	92人 （7.7%）
高卒	178,579人	69,972人 （39.2%）	31,031人 （17.4%）	20,943人 （11.7%）	17,998人 （10.1%）
大卒	448,309人	143,360人 （32.0%）	51,158人 （11.4%）	47,471人 （10.6%）	44,731人 （10.0%）

（厚生労働省「新規学校卒業就職者の在職期間別離職状況」より作成）

⑴なぜせっかく内定・採用が決まった会社（職場）を辞めていく人が多いのでしょうか。その理由や背景をみんなで話し合ってみましょう。

　メモ欄：

⑵実際の数字は、7－5－3現象と言えるのかどうか、考えたことをもとにみんなで話し合ってみましょう。

メモ欄：

⑶なぜ、離職率は　中卒＞高卒＞大卒　の順に高いのでしょう。考えたことをもとに、みんなで話し合ってみましょう。

メモ欄：

⑷中卒、高卒、大卒のどれも、離職率は　1年目＞2年目＞3年目　という関係になっています。なぜそうなるのでしょうか。みんなで話し合ってみましょう。

メモ欄：

⑸就職を決めた以上、できるだけ離職しないようにするには、どうすればいいでしょうか。今まで考えてきたことや話し合ってきた事柄を踏まえて、みんなで意見を出し合ってみましょう。

メモ欄：

第2章

経済社会の現実 ～リスクへの備え

　職業に就いて働くと、経済や社会の現実の影響を強く受けることになります。例えば、少子高齢化が進む現代の日本では、高齢者向けの介護ビジネスが盛んになるでしょう。一方、人工知能（AI）の進展により仕事が奪われる可能性もあります。みなさんが身を置く経済社会には、いったいどのような現実があるのでしょうか？　経済的社会的現実をきちんと受け止めて、自分はどう生きるか、これから自分は社会で何がしたいのかを見定める必要があります。

| 2 - 1 |　少子高齢化、人口減少、東京一極集中

　現在の日本で人口の様々な変化を表すものとして取り上げられる代表的な問題が、少子化・高齢化、人口減少、東京一極集中です。

　こうした傾向は、政府の政策が大きく変わらないかぎり進行するのではないでしょうか。この問題はこれからのみなさんの生活や仕事、職業選択に大きな影響を与えます。日本の人口問題に関連して起こるであろう将来予想を踏まえて、これからの職業人生をどのように生きて行くかを考える必要があります。

テーマ1 日本の50年後の未来は？

　「50年後の日本の未来は、現在に比べて明るいと思いますか、それとも暗いと思いますか」という質問があるとします。

(1)あなたならば、この質問に対して、どのように回答しますか。
　次の５つの選択肢の中から１つ選んで下さい。その回答結果をみんなの回答と比べてみましょう。

明るいと思う

どちらかといえば明るいと思う

わからない

どちらかといえば暗いと思う

暗いと思う

(2)この質問は内閣府の「人口・経済社会等の日本の将来像に関する世論調査」で行われたものです。この世論調査では次のような結果になりました。これについて、思ったこと、考えたことをもとに、みんなで話し合ってみましょう。

日本の未来に対する意識

明るいと思う	7.5％	} "明るい"　33.2％
どちらかといえば明るいと思う	25.7％	
わからない	6.7％	
どちらかといえば暗いと思う	41.6％	} "暗い"　60.1％
暗いと思う	18.5％	

（内閣府大臣官房政府広報室「人口・経済社会等の日本の将来像に関する世論調査」（平成26年10月　全国20歳以上の日本国籍を有する者3000人、有効回収数1826人、回収率60.9％））

メモ欄：

(3)なぜ、"暗い"という回答が60％を超えているのか、みんなで話し合ってみましょう。

メモ欄：

日本の未来が"暗い"ということについて、少子・高齢化をその理由として挙げた人もいるのではないかと思います（どうして少子・高齢化が"暗い"と結び付けられるのかは、後で取り上げましょう）。

次のグラフは日本の人口構成の過去、未来を示すもので、これを見ると、各年の年少人口（0〜14歳）、生産年齢人口（15〜64歳）、老年人口（65歳以上）の割合がどれほどであったのか、将来どれほどになるのだろうか、がわかります。

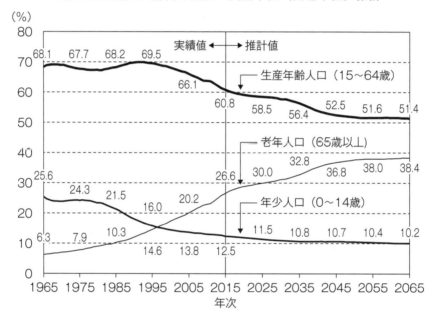

人口構成の変化のグラフ（1965〜2065）
年齢3区分別人口割合の数位　出生中位（死亡中位）推計

（国立社会保障・人口問題研究所『日本の将来推計人口（平成29年推計）』）

(1)1965年の人口構成に注意して、この時期の日本の様子を自由に想像してみんなで話し合ってみましょう。

メモ欄：

------

(2)将来予想ですが、2065年の人口構成に注意して、この時の自分自身ことや日本の様子を自由に想像して、みんなで話し合ってみましょう。

メモ欄：

テーマ3 人口減少

現代の日本は、2008年の1億2808万人をピークに総人口が減少しています（2015年で1億2709万5千人）。この状態が続けば、2065年には人口は8000万人～9000万人程度に減少すると予測されます。次のグラフはそれをあらわしています。

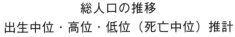

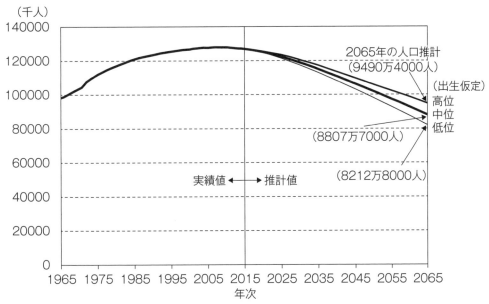

（国立社会保障・人口問題研究所『日本の将来推計人口（平成29年推計）』）

(1)日本の人口が減少すると、日本ではどのような弊害や不利益が起こるでしょうか。いくつか例をあげてみましょう。そして、みんなで話し合いましょう。

メモ欄：

　少子化・高齢化が進展し、しかも人口が減少していくと、みなさんが老後に受け取ることのできる年金は大丈夫なのかという心配が生まれます。

　年金とは、20歳（国民年金の場合）、あるいは企業等に就職した時（厚生年金の場合）から毎月保険料を国に払い続け、高齢になった時（本書執筆時点では65歳から）年金［老齢年金］という名のお金の支給を死ぬまで受けられるという制度です（他にも、障害を持った場合、配偶者などが死去したため遺族になった場合にも支給されます）。

　ポイントは、"自分が払い続けてきた保険料が蓄積されて、高齢になった時にそれを受け取る制度（積立方式）ではない"ことです。日本の制度は賦課方式といって、保険料を払っている人々（現役世代）の毎月の保険料で、おじいさん、おばあさん世代の生活を支える年金が賄われています。みなさんもやがて高齢者になれば、下の世代が負担する保険料を年金として受け取るわけです。世代を超えた支え合いという仕組みです。

　しかし、少子高齢化、人口減少（特に現役世代の人口減少）が進むと、少なくなった現役世代が、多くの高齢者を支えなくてはいけません。

⑴次のグラフは、1949年生まれ〜1984年生まれの人が65歳になった時にどれだけの年金を、どれだけの期間もらえるのかをあらわしたグラフです。

出生年度別の65歳時点の所得代替率と平均余命

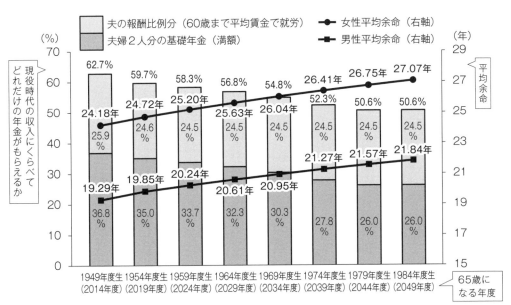

※所得代替率は平成26年財政検証ケースEであり、平均余命は2014年度は平成26年簡易
　生命表、2019年度以降は「日本の将来推計人口（平成29年推計）」の将来生命表（中
　位仮定）の65歳平均余命による。

（金融審議会市場ワーキング・グループ報告書「高齢社会における資産形成・管理」令和元年6月3日、9頁）

グラフの見方　縦棒グラフの一番右にある1984年度生まれの人が65歳になるの
は2049年度。その時もらえる夫婦2人の年金額は、今まで働いていた時の手取
り収入の50.6％（内訳は国民年金分26.0％、厚生年金分24.5％）。1984年度生
まれの人が、65歳を過ぎてあと何年生きるかという平均余命は男性で21.84年、
女性で27.07年。つまりその期間は年金が主な収入源になるというわけです。

　上のグラフは、1984年度生まれの人までの状況を示していますが、それ以後
に生まれた若いみなさんも、自分が65歳になった時にどれくらいの年金がもら
えるのか（現役時代に働いていた収入の何パーセント分なのか）、その後の平均
寿命はどれぐらいなのか、知りたいと思います。そこで、経済状況、人口の傾
向、年金をめぐる状況が現在と根本的には変わらないという想定の下で、先程
のグラフのデータをもとに最小二乗法という統計的な手法を使って、推定して
みました。それが次のグラフです。例えば、縦棒グラフ一番右、2014年度生ま
れの人は働いていた時の収入に比べて、もらえる年金額は38.7％にまで下がっ
てしまいます（法令では50％を下回らないことに決まっていますが）。これを見
ての感想をみんなで自由に話し合いましょう。

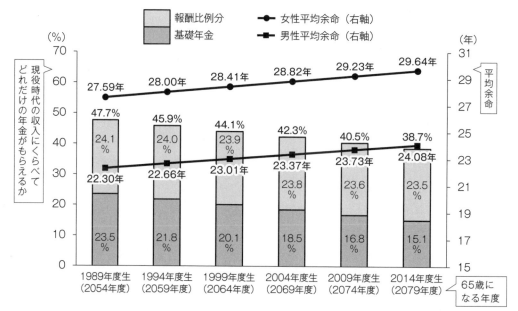

出生年度別の65歳時点の所得代替率と平均余命（1989年度生まれ以降、筆者推計）

凡例：
報酬比例分
基礎年金
女性平均余命（右軸）
男性平均余命（右軸）

（金融審議会市場ワーキング・グループ報告書「高齢社会における資産形成・管理」（令和元年6月3日、9頁）をもとに筆者作成）

- -

メモ欄：

- -

(2)国民年金、厚生年金といった公的年金制度を、みなさんが高齢世代になった時にも維持できるようにするために、年金の保険料、支払期間、支給開始年齢はどのようになっていく可能性があるでしょうか。また、国の財政の面でどのようなことが想定できますか。

　思ったこと、考えたことをもとに、みんなで自由に話し合いましょう。

- -

メモ欄：

- -

⑶将来の年金制度に不安がある以上、若いみなさんは、現役世代の時に働いて資産を形成しておく必要があるでしょう。このことについて、どう考えますか。自由に考えたことを書きながら、みんなと意見交換をしてみましょう。

メモ欄：

> ┃ここは大切！

公的年金制度とは国民の生存権を根拠に国が創設した制度です。少子化や高齢化などにより制度への不安があることは、重要な政治の問題です。年金制度をどのようにするべきかなど、政治に対して望むことを考えるというテーマは、第4章で取り上げます。

テーマ5 東京への一極集中

　2018年の日本の総人口は1億2644万人ですが、そのうち、東京都の人口は1382万人です。実に、10.9％にも達します（2020年5月には1400万人に達したと推計されました）。政治や経済の中心であるばかりではなく、教育、芸術、流行などの面でも東京が日本を引っ張っているのが実状です（それがいいとは言っていません）。みなさんも東京の大学や専門学校に通い、東京に本社のある会社に就職する可能性があります。東京との関わりはみなさんの職業人生にとって大きな問題になるのです。そこで、東京を意識した議論をみんなで行ってみましょう。

(1)次のグラフは、東京圏（東京、神奈川、埼玉、千葉）、関西圏（大阪、京都、兵庫）にある大学の学生数の推移とそれが全国の大学生に占める割合をあらわしたものです。このグラフから読み取ったこと、思ったこと、感じたことをみんなで話し合いましょう。

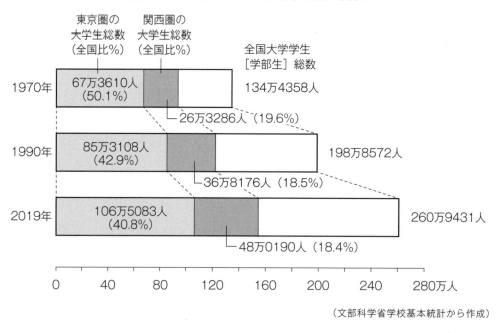

東京圏・関西圏の大学・学部学生数の変化

（文部科学省学校基本統計から作成）

- -

メモ欄：

- -

42

⑵次の表は、全国の主要な都市を走る鉄道の朝の時間帯の混雑率をあらわして
います。これを見て、思ったこと、感じたことをみんなで話し合ってみましょ
う。

都市	鉄道線	混雑率
札幌	JR千歳線（苗穂→札幌）	102%
	地下鉄東西線（菊水→バスセンター前）	134%
仙台	JR仙山線（作並→仙台）	124%
	地下鉄南北線（北仙台→北四番丁）	143%
東京	JR総武線（錦糸町→両国）	197%
	JR横須賀線（武蔵小杉→西大井）	196%
	地下鉄東西線（木場→門前仲町）	199%
	東急田園都市線（池尻大橋→渋谷）	185%
名古屋	JR東海道線（熱田→名古屋）	104%
	地下鉄東山線（名古屋→伏見）	140%
	名鉄本線（神宮前→金山）	143%
大阪	JR大阪環状線（鶴橋→玉造）	112%
	地下鉄御堂筋線（梅田→淀屋橋）	146%
	阪急神戸本線（神崎川→十三）	147%
福岡	JR鹿児島本線（二日市→博多）	113%
	地下鉄空港・箱崎線（大濠公園→赤坂）	140%
	西鉄天神大牟田線（平尾→薬院）	142%

混雑率とは、実際の輸送人員÷輸送力（１車両あたりの定員×車両数×朝の特定の時間帯での運転本
数）

（国土交通省「最混雑区間における混雑率」（平成29年度））

- -

メモ欄：

- -

|2-2| 人工知能（AI）の進展

　人工知能（artificial intelligence、AI）とは、ものを○○であると認めたり、何かを判断することができる知的な機械のことです。大量のデータ（ビッグデータ）の収集、蓄積環境が整備されたことを背景に、現在はAIの第3次ブームであると言われています（第1次は1960年代、第2次は1980年代）。

　AIを使った自動車の自動運転は実用化一歩手前です。囲碁の世界では、AIがプロのトップ棋士に対局で勝利を収めています。"りんな"を知ってますか？　AIの女子高校生ですが、彼女はLINE上でコミュニケーションを取ることができます。お掃除ロボットやインターネット検索にもAIが使われています。今やAIは、何が重要であるかを自ら学習し、それを認知や予測、判断に活かすことが可能となりました。

　当然、AIは今ある職業に対して大きな影響を与えることは間違いありません。例えば、自動運転が普及すれば、電車やバスに運転士は必要なくなるかもしれません。お金を貸すべきかどうかの判断をAIに任せれば、銀行の融資担当行員が行っていた仕事の多くは不要になるでしょう。

　しかし、技術の進展や人びとの好みの変化に伴って、生まれる職業もあれば消えていく職業もあるのは、昔も今も変わりありません。そこで、今まで、職業の世界で起こった浮き沈みを垣間見ながら、これからの近未来に、AIが私たちの職業人生に及ぼす影響を予想してみましょう。

■テーマ1■ かつて見かけた行商

　次の職業は、50年～60年前の昭和30年代でも街でよく見かけた職業です。これを見て、現在もこうした職業はあるのかどうか、なくなった／見かけなくなったのならば、なぜなくなったのか／見かけないのか、自由にみんなで話し合いましょう。

●金魚屋：
　自転車にたくさんの金魚を積んで、"金魚やー、金魚ー"と声を出しながら町中を回っている。

●紙芝居屋：

　近くの公園などに自転車でやって来て、紙芝居を上演する。その合間に、駄菓子などを売る。

●豆腐屋：

　うら寂しいラッパを吹きながら（その音色は"とーふー、とーふー"と聞こえる）、自転車で豆腐を売り回る。私たちが買うときは、鍋やボウルを持参する。

●ちんどん屋：

　時代劇風の和装と厚化粧の派手なメイクの一行がチンチンドンドンと金属音や木製音を鳴らしながら、街を歩き回る。街の人びとに、どこかの店が開店したなどのCMをしているのである。

　メモ欄：

次の職業、職種も現在ではほとんど見かけることがなくなりました。あるいは、資格としての価値を失ったものもあります。どうしてなくなったのか、みんなで話し合ってみましょう。

●バスの車掌：

一昔前のこと、バスのドアの開閉や料金の徴収は後部ドア付近にいる車掌が行っていました（多くは女性）。発車の準備ができると、運転士に向かって、"オーライ"と声を出していました。大正時代から昭和にかけて、バス車掌は女性のあこがれの職業でした。しかし、1960年代あたりから徐々に見かけなくなっていったのです。

●文選工と植字工：

1990年代までは、活字（鉛などから作られた文字の鋳型）を並べて文章をつくり（活版という）、これを紙に印刷して本が制作されていました（活版印刷という）。原盤である活版を作るために、文選工と植字工がいました。

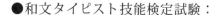

文選工は、本になる原稿を見ながら、活字を1つ1つ探して、文選箱という箱に順番に並べていく仕事をする職人です。

植字工は、文選工が並べた活字をきれいに1ページに収まるように仕上げていく職人です。

●和文タイピスト技能検定試験：

和文タイプライターという機械を使って、手書きではなく、活字の文書を作ることができました。その機械のなかにはびっしりと漢字が並んでおり、それを1つ1つ探し出して、本や雑誌、新聞のような文書を作成したのです。文書を正確に、しかも素早く作成するための資格試験が和文タイピスト技能検定試験で、日本商工会議所や全国商業高等学校協会が主催しました。

メモ欄：

テーマ3　人工知能（AI）ができること

　人工知能（AI）はどんなことができるのでしょうか。あるいはできるようになるのでしょうか。ここにいくつか例をあげてみます。

・音声認識：AIが音声を認識して、これを文字などに変換する。例えば、会議のときの会話を書き言葉にして文字にする。今は、雑音と必要な声とを識別できる。スマートスピーカーのGoogle Homeでは、"OK, Google（オッケー、グーグル）"と呼びかけることで様々な機能が利用できる。
・画像認識：画像からその対象の特徴をつかみ、他のものと区別して識別する。例えば全国の防犯カメラ・監視カメラに記録された膨大なビッグデータ（通行人の顔データなど）をもとに、特定の防犯カメラに写った容疑者を追跡、特定する。
・数値予測：将来起こり得る出来事を的中率を出して予測する。例えば、食品ロスや余剰在庫や配達回数を減らすために、AIを使って、食品の売れ行き（売れ残りの割合や完売率など）を予測する。
・マッチング：種類の異なる二者を合わせる。例えば、大型商業施設のどのフロアにどのテナント（店舗）が入れば、双方にとって最も利益が出るような組み合わせになるかをAIが予測する。
・作業の自動化：音声認識や画像認識などを使って、クルマを自動で運転する、名医顔負けの外科手術を行う、同時通訳をなめらかに行う、マンガ雑誌購読者の好みに応じたイラストを描く、など。

　例えば、マッチングの働きを使えば、AIは、みなさんの様々な情報入力を前提に（人柄、好み、容姿の細部まで、あるいは、DNA情報？）、みなさんにとっての最適なパートナーを探してくれます。そういう出会いをどう思いますか。みんなで話し合ってみましょう。

メモ欄：

未来予想〜消える職業、残る職業

　人工知能（AI）が普及し、様々な場面でそれが活用されるようになると、仕事は、職業は、どうなっていくのでしょうか。次にあげた11の職業はどうなるのか、みんなで話し合ってみましょう。

- ・産婦人科医　　　・電車運転士　　　・タクシー運転手　　　・塾講師
- ・小学校の先生　　・役所で働く公務員　　　・警備員　　　・コンビニ店員
- ・臨床検査技師（血液や心電図、脳波を検査する医療専門家）
- ・翻訳家　　　・スクールカウンセラー

　メモ欄：

テーマ 5　**人工知能(AI) と人間との、これからの関係**

(1)みなさんは、これからAIが普及していくと、近未来はどのような社会になると想像しますか。次の（ア）から（オ）のなかから選んでみて下さい（複数回答可）。そしてみんなで話し合ってみましょう。

（ア）AIが人間の知性を超えていくとともに、AI自身がより優れたAIを生み出すようになる（これをシンギュラリティ（singularity、技術的特異点）という）。AIは世界を支配し、人間はそれに服従する。

（イ）AIを登載した無人の兵器が相手国めがけて攻撃を仕掛けると、相手国も同様の兵器で迎え撃つ。どちらの国が勝つかは、AIが相手の兵器の攻撃をどこまで正しく予測できるかの差にかかっている。

（ウ）大量の失業者、無用者階級が生まれる一方で、AIを操作・管理する少数のエリート層がこの世界を支配する。そのため、所得格差、経済格差が一段と広まる。

（エ）AIが広まることにより、これを保守点検する技術者が新しく誕生するなど、失われる職種がある一方で新しい職業・職種も生まれるので失業は余り心配しなくていい。

（オ）AIをどのように活用するべきかの倫理・考えが世界で合意されることから、人間の監督や管理の下でAIが利用活用される。人間とAIはウィン・ウィン（win-win）の関係となる。

メモ欄：

⑵みなさんは、人間が行っている仕事は人工知能（AI）によりどのような影響を受けると思いますか。次の３つのうちから、１つを選択して下さい。そして、みんなで話し合ってみましょう。

（ア）人びとが行っている仕事はすべて、AIに取って代わられる。

（イ）人びとが行っている仕事の一部は、AIに取って代わられる。

（ウ）人びとが行っている仕事の中には、AIに取って代わられるものはない。

メモ欄：

(3)(2)で回答したアンケートは日本とアメリカそれぞれで行われたアンケート調査
　での質問事項です（少し表現を変えています）。

　その結果が次の表です。そこで、この日米の２つのアンケート結果と自分達
　の意見とを比較しながら、みんなで話し合ってみましょう。

日本		
私たちの仕事は		
すべて人工知能へ（ア）	6.2%	
一部人工知能へ（イ）	64.4%	
代わることはない（ウ）	29.4%	
回答者合計1106人	100%	

アメリカ		
私たちの仕事は		
すべて人工知能へ（ア）	10.5%	
一部人工知能へ（イ）	79.9%	
代わることはない（ウ）	9.6%	
回答者合計1105人	100%	

（株式会社野村総合研究所『ICTの進化が雇用と働き方に及ぼす影響に関する調査研究報告書』平成28年3
月、53頁／61頁）

- -

メモ欄：

- -

(4)これからのAI時代（AIが生活や仕事の中に深く広まっていく時代）に生きるた
　めには、どのような能力をみがく必要があると思いますか。重要だと思うもの
　に順に番号をつけてみて下さい。そして、その結果をみんなで話し合ってみま
　しょう。

（　　　）チャレンジ精神や主体性、行動力、洞察力などの人間的資質
（　　　）語学力や理解力、表現力などの基礎的素養
（　　　）情報を集める能力や課題を解決する能力、論理的に考える力などの業務
　　　　　を遂行するための能力
（　　　）企画を発想する力や創造性
（　　　）コミュニケーション能力などの対人関係に関する能力

（独立行政法人労働政策研究・研修機構『「イノベーションへの対応状況調査」（企業調査）結果及び「イノ
ベーションへの対応に向けた働き方のあり方等に関する調査」（労働者調査）結果』（2017年11月）34頁、
をもとに作成）

⑸今後、人工知能（AI）が生活や職場に普及することは間違いありません。AIを拒否したり、遠ざけることは難しくなります。そこで、AIに関わる知識や技術として、次のどれに興味や関心がありますか。自分で考えるとともに、みんなで話し合ってみましょう。

（ア）AIの社会的価値や社会で広まる可能性を正しく理解するための基礎的な知識

（イ）今普及しているAIを作ったり動かしたりするプログラムを読み書きするための基本的な知識や技術

（ウ）各種のシステム（例：クルマの自動運転）にAIを備え付けるうえで必要な知識や技術

（エ）AIをどのように活かしていくべきかを考えるための創造力やデザイン力あるいは哲学・世界観

（オ）将来のAIの可能性を探索していくために必要な、高度なプログラミングや設計力

（株式会社野村総合研究所『ICTの進化が雇用と働き方に及ぼす影響に関する調査研究報告書』平成28年3月、47頁、及び独立行政法人労働政策研究・研修機構『「イノベーションへの対応状況調査」（企業調査）結果及び「イノベーションへの対応に向けた働き方のあり方等に関する調査」（労働者調査）結果』2017年11月、34頁、をもとに筆者作成）

メモ欄：

|2-3| 労働現場の実態・ブラック企業・ブラック職場

　労働・職業・仕事とは、単に収入を得るためだけのものではなく、自分の生きがいをそこに見出すことができる営みです。"自分の選んだ仕事は自分にとって天職である"といった充実感を抱くことが何よりです。しかし、結果として自分にとって納得のいく仕事・職業に従事できずに、意に反する仕事を強いられたり、自分を駄目にしてしまうような仕事に就いてしまうこともあります。どうしたらいいでしょうか。

■テーマ1 どこが違法ですか？

　太郎さんはある店に就職し、その上司が店長Aであるとします。次の会話は店長A氏の発言です。実は、太郎さんに対する店長Aの発言は、すべて違法です。どこが法令に反しているのか、みんなで相談して考えてみましょう。

☞解答は清水書院Webサイトに掲載

1．店長A：「君は初めて仕事をするようだから、まず時給400円から始めるぞ。仕事ぶりが良かったら、近いうちに1000円にしてあげるからな」
2．店長A：「お皿割ったな、バカヤロー。来月の給料からその分、引いてやる。わかったな」
3．店長A：「唐揚げ揚げているときにやけどしたのか。よくあることだから、医者に行けや。医療費の3割ぐらい損するけどもちろん我慢できるよな？」
4．店長A：「お前、正社員のくせして、仕事ぶりはバイトの新人なみだ。仕事ぶりがひどいから明日から来なくていい。クビだ。手切れ金として、1万円渡すからな。有り難いと思え」
5．店長A：「お前、勘違いしていない？　バイトのくせに、年休を取りたいだなんて、できるわけがないだろ！」
6．店長A：「明日から、うちの店に来て下さい。時給は○○円。勤務時間は3時から8時まで。口頭の説明だけでももう十分だよね。じゃあ、明日から来て！」
7．店長A：「給料は払うが、今、業績が悪いから、来月に2か月分払うから。待っててくれ」
8．店長A：「お前の父親とは親しいから、今月の給料はお前の父親に渡したよ」
9．店長A：「人が足りないんだ。お前、いくつ？　17歳か。もう立派な大人のようなものだから、夜勤もやってくれないか？　夜の11時からだけど」

10. 店長Ａ：「なに？　育休取りたい？　子ども産んだのはお前の女房だろう。
　　　なら育休はお前のかみさんが取るのが当たり前だろうが」

1	
2	
3	
4	
5	
6	
7	
8	
9	
10	

テーマ2 シモーヌ・ヴェイユの工場労働体験

フランスの思想家シモーヌ・ヴェイユ（Simone Weil, 1909-1943）はフランスの国立高等師範学校（École Normale Supérieure）という超エリート学校を卒業した人でありながら、労働の実際の様子を体験するために、あえて、自動車工場や鉄工所で工場労働者になって働いたことがあります。以下の文章はその工場での職場体験記です。これを読んでどのような感想を持ったか、みんなで話し合ってみましょう。

　　第1日　ゴーチェの工場、油入れのブリキ缶作り［その後防毒マスク］（非常に特殊な工場である）。……わたしも、1つのプレスをあてがわれる。図3のような形の部品の型打ちをして、図4のような形にする。小さいプレス、ペダルもやわらかい。……わたしは、部品をきちんと並べて50個ごとに数える。そして大いそぎで仕上げにかかる。力のあらんかぎりとまではいかなくても、無理をして、1時間に400個を仕上げる。……午後になると疲れがでてくる上に、息づまるような空気と、ペンキやワニスなどのにおいがムンムンする雰囲気のために、いっそう疲れが倍加する。わたしは、このままの調子をつづけて行けるかどうかと心配だった。すると、4時に、職工長のマルタン（美男子で態度も声も、ものやわらかな、若い男だ）がやって来て、いかにもくそていねいにこう言う。「800個仕上げてくださらないと、ここにいていただくわけに行きませんよ。あと残りの2時間で800個仕上げられたら、このままいてくださっても、まあ結構ですがね。1200個も仕上げる人だっている位ですからね」。わたしは心の中に怒りをおぼえながらも、がむしゃらにやって1時間600個に達した（いくらか、数をごまかしたり、部品の方角をいいかげんにしてやったおかげだ）。5時半にマルタンが数えにやって来て、「十分とは言えないがな……」と言う。

図3　　　　　　　　　図4

（シモーヌ・ヴェイユ　田辺保訳『工場日記』ちくま学芸文庫、2014年11月、111-113頁）

メモ欄：

テーマ3 ブラック企業

　2000年代初めより、ブラック企業という言葉が徐々に広まり、今ではすっかり定着した言葉になりました。ブラック企業とは何か、どういう特徴を持っているのか、どういった経緯で誕生したのか、という問題についてはさまざまな意見があります。しかし、"ブラック企業" = "社員にとってヤバイ会社" という点はイメージとして定着しています。

　次の文章は架空の企業の様子をあらわしたものです。この会社は、ブラック企業と断言できないまでも、その傾向を多分に持っている会社です。どこにそういった傾向が見られるか、本文にアンダーラインを引いてみましょう。そして、みんなで話し合って確認してみましょう。

　この会社は広告代理店を主な取引相手とするデザイン制作会社で、社長は、自分が起業家としてここまで成功できたのは自分の才能によるものであると自負しており、自分流のワンマン経営を推し進めることがこの企業の発展につながると確信している。社員に対しては厳しく接し、その人の営業成績が伸び悩む時は、なぜこういう結果になったのか、どうすれば改善できるか、徹底的に問い詰める。そして、それを翌日までにレポートにしてまとめるよう指示することもある。競争は社員のやる気を高めるものであるとの考えから、社員間の営業成績をめぐる競争は激しく、その結果退職に追い込まれる人もいる。勝ち残った者は昇進し、自分が上司の立場になると、自分のやり方に倣うように部下を叱責するようになる。少しでもそれに異を唱える社員がいると、別室に呼び出して反省を促す。こうした結果、社員は、営業成績が悪いのは自分の力量が不足しているためだと思い込むようになり、自分はいつまでも未熟だと思い悩んでいる人が多い。会社の売り上げの増進に寄与できるならば、残業や休日労働も社内の雰囲気としては美化されており、台風が来た翌日に一番早く出社した者が、社長から表彰されたこともある。

メモ欄：

テーマ4 **"ヤバイ会社" を見つける**

　高校生、大学生などが就職する時に、企業側が作成した求人票が参考になります。これは全国にある職業安定所（ハローワーク、厚生労働省の役所）が定めた書式に従って作成されており、その会社がどのような会社なのか、募集している仕事内容がどういったものなのか、給与はどれほどか、どのような選考を行うのか、などを知る貴重な情報です。

　次にあるのは、架空の会社の求人票です。実は、この会社の求人票には気を付けたい項目がいくつもあります。それはどこでしょうか。求人票にアンダーラインやしるしを付けつつ、みんなで話し合ってみましょう。

☞解答は清水書院Webサイトに掲載

求人票から真実を見抜く *1

架空の求人票（高卒）

1　会社の情報

事業所名	コシダブッサンカブシキガイシャ	従業員数	企業全体200人 事業場所30人
	コシダ物産株式会社	電話	03−123−4567
		FAX	03−123−4567
		Eメール	kabusikicocida@・・・・
代表者名	代表取締役　越田年彦	HP	http://www・・・・
事業内容	人々が笑顔で明るくなるような多岐にわたる業務に多角的に取り組んでいる。	会社の特徴	創立4年のフレッシュな会社で、取締役社長の感性が溢れる。アットホームな包容力で社員を包み込む。

2　仕事の情報

雇用形態	正社員	職種	営業、事務、接客	求人数	通勤40人 住込0人
仕事の内容	・ポスティングの仕事 ・アプローチャーの仕事 ・ホールカウンタースタッフ、コーヒーレディの仕事 ・インバウンド・コールセンターの仕事 ・ナイトスタッフの仕事				
就業場所	転勤の可能性ナシ 〒000−9999 東京都東区南北町 1-2-3	就業時間	（1）8時30分 　　〜 17時30分	時間外	あり 月平均45時間

*1　Eテレ「オトナへのとびら『ブラック企業』（2013年8月29日放送）」の放送内容を参考にしています。

56

3　労働条件等

賃金等	賃金形態等　月給				
	毎月の賃金	基本給	320,000円 月平均労働日数28日	固定残業手当20,000円 営業手当　　10,000円	合計 350,000円
		控除	ア税金　　　　5,000円 イ社会保険料　30,000円	手取額	315,000円
		賞与	賞与なし	昇給	昇給　年1回　2,500円／月
		通勤手当	月額5,000円まで		
休日等	休日　土日祝 週休二日制　毎週 年間休日数　124日		有給休暇	入社時0日 6か月経過後10日 最大　20日	育児休業あり 介護休業あり 看護休暇あり
福利厚生	雇用あり　労災あり　健康あり　財形なし　退職金制度なし				就業規則あり
					労働組合なし

4　選考

応募選考	受付期間　9月5日以降　選考日　9月16日以降随時			
	選考方法	面接　適性検査　学科試験（国数社理英）	赴任	入社日 令和3年4月1日
	担当者	人事部総務課リーダー　氏名　コシダトシヒコ		

5　補足事項・特記事項

補足事項	・試用期間2年 ・時間外手当は時間外労働の有無にかかわらず固定残業手当として支給し、40時間を超える時間外労働分は追加で支給します。 ・入社後の研修として1週間、関東近郊のお寺で滝に打たれて精神を研ぎ澄ます修行を行っていただきます。また駅前の街頭で元気良く大きな声で「ありがとうございます」を連呼する発声訓練も行います。	求人情報に係わる特記事項	手当としては他に次のものがあります。 ・家族手当 　配偶者15,000円 　子供1人につき 　5,000円

6　求人連絡・推薦数と採用・離職状況

		16年3月卒	17年3月卒	18年3月卒
採用離職状況	応募者数	70人	72人	50人
	採用者数	50人	65人	40人
	離職者数	35人	40人	20人

メモ欄：

高校卒業、大学卒業の時に内定を取った会社に就職したものの、その会社や職業を辞めて次の会社・新しい職業に就く、よくある話ですが、実態はどうなっているのでしょう。

(1)次の表は2017（平成29）年の1年間に、日本でどれほどの労働者が離職した（仕事を辞めた）のか、入職した（新たな仕事に就いた）のかを推計したものです。これを見て、気付いたことをもとにして、みんなで話し合ってみましょう。

平成29年の常用労働者の動き

1月1日 現在の常用労働者数（千人）	2017年の1年間 の入職者数（千人）	2017年の1年間 の離職者数（千人）	入職率 （%）	離職率 （%）
計　49,409.6	7,881.5	7,345.0	16.0	14.9
男　27,782.1	3,840.8	3,624.1	13.8	13.0
女　21,627.5	4,040.6	3,720.8	18.7	17.2
一般労働者　37,768.9	4,578.0	4,375.5	12.1	11.6
パートタイム労働者　11,040.7	3,303.5	2,969.4	28.4	25.5

＊常用労働者：期間を定めずに雇われている正社員や1か月以上の期間を定めて
　　　　　　　雇われているパートタイム従業員などのこと。

（厚生労働省「平成29年雇用動向調査結果の概況」（平成30年8月9日））

メモ欄：

----

(2)現代日本の転職の現状などを踏まえて、会社、勤め先を辞める／転職することは恥ずかしいことですか？　それとも別に普通のことですか？　みんなで話し合ってみましょう。

メモ欄：

テーマ6 仕事中のケガや事故はどうなるのか

　レストランでアルバイトをしている太郎さんは、唐揚げを揚げている時に油をこぼして、脚にやけどを負いました。こうしたケガは労働災害（労災）といって、国から治療費の全額にあたる給付金を受け取ることができます（普通みなさんは医者に行くと3割自己負担が生じますよね）。それだけではなく、もしも入院などして仕事に行けなくなった場合でも、給料の8割は支給されるのです。通勤途中のケガや事故も原則として、労働災害として認められます[*1]。

　ケガや病気が労働災害になるかどうかのポイントは、（ア）仕事が原因で事故や病気になったこと、（イ）仕事中にケガや病気になったこと、の2点です。

　労働災害はみなさんが思うよりも広く認められます。

　次に説明する事故に対して、最高裁判所はAさんの労働災害を認めました。

　Aさんはある会社の工場に勤務していました（従業員はAさんを含めて8人、そのうちB氏はAさんの上司にあたります）。この会社では中国から来た外国人を研修生として受け入れていたのですが、そのうちの3名が帰国し、新たに2名が着任することになり、彼らのために上司のB氏は歓送迎会を企画し、従業員全員に参加するか聞いてみました。Aさんはある資料をその日の翌日までに完成させなければいけないことから欠席したいと伝えたのですが、上司のB氏には"今日が最後だから、顔を出せそうなら出してくれないか"と言われました。

　歓送迎会は工場から数キロ離れた飲食店で午後6時半頃から始まり、Aさんは資料作成の仕事を中断して午後8時頃、会社所有の5人乗りの車で向かい、参加しました。歓送迎会は午後9時頃終了したのですが、研修生

---

*1　こうした治療時や休業時に国からもらえる給付金は、国が事業主（会社）から集める保険料を元手にしています。

たちを彼らが住むアパートまで送らなければなりません。行きはアパートから飲食店まで、上司のＢ氏が車で送りました。今度は、工場に戻る方向と同じため、Ａさんが研修生たちをアパートに送ることになりました（Ａさんはアルコールを飲んではいません）。

　その帰り道で、Ａさんが運転するクルマは大型貨物トラックと衝突し、Ａさんは亡くなったのです。

　この事件について、最高裁判所は業務災害と認定しました。

（平成28年7月8日、国・行橋労基署長事件最高裁判決）

　最高裁判所は、Ａさんは業務を遂行していると判断しているわけですが、この事件と最高裁の判断について、思ったことなどを自由にメモ欄に書くとともに、みんなで意見を交換してみましょう。

メモ欄：

補足：裁判に訴えたのはＡさんの妻ですが、Ａさんが労働災害と認められたので、残された遺族には遺族労災年金も支給されます。

テーマ7　つらい仕事を喜びに変える

　次の一文は、佐藤和夫『仕事のくだらなさとの戦い』の一部です。佐藤氏は、ルーティンでつらい仕事であっても、仲間がいて、みんなで一緒に働けば、そうした労働でも喜びを見いだすことができるとして、その例をパーティの皿洗いで説明します。以下の文を読んで、こうした考えをどのように思うか、みんなで話し合ってみましょう。

　　たとえば、20人くらいでパーティをやったとする。するとそのパーティ後に洗わなければならない食器の数が、100枚近くになることも十分に考えられる。もし仮に他のメンバーがパーティを十分に楽しんだあと、後片づけを忘れて帰ってしまったとしたら、そのときにたった1人でその食器を洗い、後片づけをしなければならない残された人にとっては、たとえようもないほどの苦痛感と徒労感に充ちたものになる。

　　ところがこのとき、一緒に片づけに残ってくれる人が4、5人いて、その作業をみんなで進んで協力し合ったとする。そのとき、この苦痛に充ちた後片づけが、ときにはパーティ以上の楽しさに充ちたある種の解放感を生み出すこともある。この感覚こそは、労働が人々の協同的関係を維持し、協同によってお互いを支え合うことの喜びを与えてくれるという性格を持つものであることを如実に示してくれる。生命体としての苦痛に充ちた作業が、協同で成し遂げることによって、むしろ喜びともなるという不思議な経験を、どういうわけかこれまでの労働についての考察は重視してこなかった。

　　　　　　（佐藤和夫『仕事のくだらなさとの戦い』大月書店、2005年12月、63頁）

- -

メモ欄：

- -

｜2 - 4｜　非正規労働、経済格差

　パート、アルバイト、派遣社員、契約社員といった名称で呼ばれる従業員は
非正規労働者（その労働を非正規労働という）と分類されます。正社員ではない
従業員ということです。日本では、2019年12月時点の非正規労働に従事する職
員・従業員の割合は、全職員・従業員（役員を除く）のうち38.2％にも達します。
2002年時点では29.4％だったことから、非正規労働者は確実に増えている傾向
を示しているのです。

　そして非正規労働者の増加に呼応するように、日本でも経済格差、所得格差
がじわじわと広まりつつあります。これは先進国共通の特徴です*1。

　非正規労働の実態はどのようなものなのでしょうか。そして、自分がもしも
望まないのに非正規労働者になってしまった場合は、どうしたらいいでしょう
か。また、経済格差の実態とはどのようなものなのでしょうか。

テーマ1　非正規労働者の割合の推移

　次のグラフは、日本の従業員のなかで非正規労働者が占める割合を示してい
ます。このグラフから読み取れることをみんなで自由に話し合ってみましょう。

---

*1　20世紀から今日にかけての、先進国の経済格差の変化や実態を明らかにした文献が、フランスの経
　済学者トマ・ピケティの著書『21世紀の資本論』（Le capital au XXIe siècle, 邦訳版『21世紀
　の資本』）です。ピケティによれば、2010年アメリカでは勤労所得全体の35％は所得上位10％の
　人々のもので、下半分の50％の人々が得た所得は全体の25％にすぎません。ピケティはこれを「激
　しい不平等」と表現しています（Piketty, 2013, p.390）。

年齢階級別非正規の職員・従業員の割合の推移

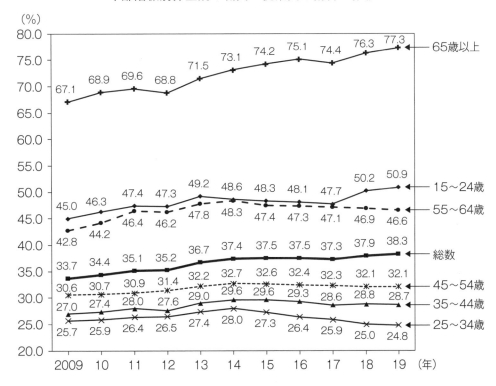

注) 割合は，年齢階級別「正規の職員・従業員」と「非正規の職員・従業員」の
　　合計に占める割合を示す。

（総務省統計局『労働力調査（詳細集計）2019年（令和元年）平均（速報）』（2020年2月14日公表））

メモ欄：

テーマ2 **収入の格差**

　次のグラフは、正規の職員・従業員と非正規の職員・従業員の年収の分布を示しています。このグラフから読み取れることをみんなで自由に話し合ってみましょう。

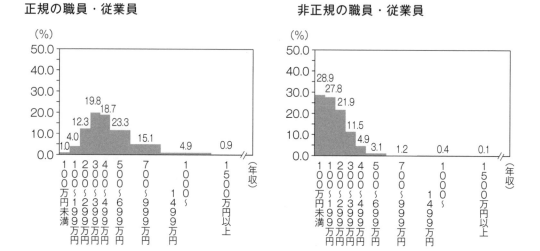

正規、非正規の職員・従業員の仕事からの年間収入階級別割合（男性）

（総務省統計局『労働力調査（詳細集計）2019年（令和元年）平均（速報）』（2020年2月14日公表））

メモ欄：

テーマ3 **日本の所得格差**

　右の表は、給与所得者（会社員や公務員等雇われている人びと）が稼ぐ年収の分布からとらえた日本の所得格差を示しています。

1年を通じて勤務した給与所得者の年収分布

	給与所得者数 （男女計）	給与所得者総数 に占める割合	所得者数の 累積比率	給与総額	給与所得総額 に占める割合	給与総額の 累積比率
	人	%	%	百万円	%	%
2,500万円超	16万3589	0.33	0.33	7,074,353	3.19	3.19
2,500 〃	12万7647	0.25	0.58	2,871,466	1.30	4.49
2,000 〃	39万3027	0.78	1.36	6,753,939	3.05	7.54
1,500 〃	180万3716	3.59	4.95	21,316,645	9.62	17.16
1,000 〃	93万1916	1.85	6.80	8,833,481	3.99	21.15
900 〃	144万9369	2.88	9.69	12,277,015	5.54	26.69
800 〃	221万0980	4.40	14.09	16,493,339	7.45	34.14
700 〃	328万9651	6.54	20.63	21,266,814	9.60	43.74
600 〃	514万7574	10.24	30.87	28,227,231	12.74	56.48
500 〃	748万1745	14.88	45.76	33,489,835	15.12	71.60
400 〃	866万7304	17.24	63.00	30,419,176	13.73	85.33
300 〃	761万7401	15.15	78.16	19,221,324	8.68	94.00
200 〃	688万1901	13.69	91.85	9,964,383	4.50	98.50
100万円以下	409万7925	8.15	100.00	3,319,097	1.50	100.00
計	5026万3745	100		221,528,097	100	

（国税庁長官官房企画課「民間給与実態統計調査」（令和元年9月）より作成）

この表の見方

・年収2500万円以上を稼ぐ会社員などの給与所得者は、5026万人のうち16万人ぐらいしかいません。その割合は給与所得者全体の0.33％でしかありません。しかし、その人たちの得る給与は、日本の給与総額の3.19％を占めます。

・年収1000万円以上を稼ぐ給与所得者は、全給与所得者のうちの6.8％です。しかし、その人たちの得る給与は、日本の給与総額全体の21.15％に達します。

・年収300万以下の給与所得者は、給与所得者全体の21.84％（100％－78.16％、あるいは13.69％＋8.15％）に達します。その人たちの得る給与は、日本の給与総額全体のうちの6％（100％－94.00％、あるいは4.50％＋1.5％）に過ぎません。

・年収100万円以下の給与所得者は、給与所得者全体の8.15％です。その人たちの得る給与は、日本の給与総額全体のうちの、1.5％に過ぎません。

この表を見て、思ったことや気付いたことをみんなで話し合ってみましょう。

メモ欄：

テーマ4 もしも非正規になってしまったら

　せっかく正社員としての内定を得て就職したのに、会社を辞めることになった、あるいは、就職活動（就活）に失敗して、不本意ながらフリーターになってしまった。こうしたことはだれの将来にも起こり得ることです。

　そうした事態に直面した場合に備えて、いくつかの提案をしてみたいと思います。

(1)大学や専門学校、職業訓練校などに（再）入学して、自分の能力を鍛え直す（リカレント教育といいます）。

(2)職業安定所（ハローワーク）に行って、再就職先を探す。

(3)フリーターとしての覚悟を決めて、生涯を送る。

(4)年収の高い（正社員）の配偶者を結婚相手として探す。

(5)パートナーもフリーターだが、２人の収入を合わせれば二馬力（300万円＋300万円で世帯年収が600万円）になるため、結婚して共に生活する。

(6)自分で会社を起こす（起業）。

(7)その他（例えば、海外に活路を見出すなど）

　それぞれの提案に対して、みなさんはどのように考えますか。みんなで話し合ってみましょう。

　メモ欄：

｜2-5｜　男女共同参画社会に向けて

　男女がともに協力して社会をつくっていく、男女が等しく社会に参加できる、こうした理念にもとづいた社会を男女共同参画社会といいます。職業を探すときも、実際に働きだしてからも、男女が平等の立場になければなりません。しかし日本では、まだまだ課題が多いのが実情です。職業や仕事の場面においても男女共同参画社会の実現が強く求められています。

テーマ1 男女の就業率の違いはなぜ？

　次のグラフは、生産年齢人口（15〜64歳）の男性と女性の就業率をあらわしています。就業率とは、100人のうち何％が働いているかを示す数字です。2018年の女性の就業率は69.6％。つまり15歳〜64歳の日本の女性のうち、約7割の人は働いているのです。

生産年齢人口（15 〜 64 歳）の就業率

（内閣府『令和元年版男女共同参画白書』（令和元年6月））

　このグラフから何を読み取ることができるでしょうか。女性の就業率と男性の就業率に違いがあるのはなぜでしょうか。みんなで話し合ってみましょう。

メモ欄：

M字型曲線ってなんだろう。どうしてそうなるの？

　次のグラフは日本における女性の年齢別の労働力率をあらわしています。

　例えば2018年で見ると、15歳〜19歳の若い人達のうち、20.4％の人は働いている、あるいは仕事を探していることをあらわしています。

　日本の場合、年齢別の労働力率の変化がM字型になっていることがわかります。どうしてこのような形になるのでしょうか。考えたことをもとに、みんなで話し合ってみましょう。

女性の年齢階級別労働力率の推移

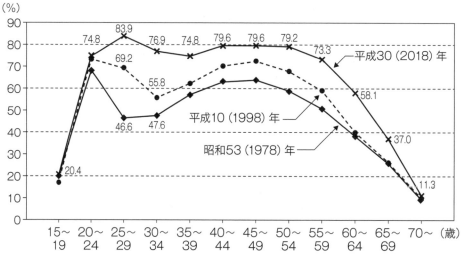

　備考：1. 総務省「労働力調査（基本集計）」より作成
　　　　2. 労働力率は、「労働力人口（就業者＋完全失業者）」／「15歳以上人口」×100

（内閣府『令和元年版男女共同参画白書』（令和元年6月））

メモ欄：

テーマ3 **主要国での女性の年齢別労働力率**

　次のグラフは、欧米、日本、韓国の、女性の年齢別労働力率を比較したものです。このグラフを見て、気付いたこと、考えたことをみんなで話し合ってみましょう。

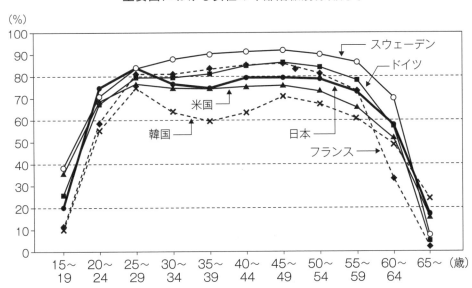

主要国における女性の年齢階級別労働力率

備考：1．日本は総務省「労働力調査（基本集計）」（平成30年）、その他の国はILO "ILOSTST"
　　　　より作成。フランス、ドイツ、スウェーデン及び米国は平成30（2018）年、韓国は
　　　　平成29（2017）年の値
　　　2．労働率は、「労働力人口（就業者＋完全失業者）」／「15歳以上人口」×100
　　　3．米国の15〜19歳の値は、16〜19歳の値

（内閣府『令和元年版男女共同参画白書』（令和元年6月））

- -

メモ欄：

- -

テーマ4 男は仕事？　女は育児・家事？

　日本では、夫は外で仕事、妻は家で家事・育児という性別による役割分担が長らく定着していました（このように社会的に生じた男女の別をジェンダーといいます）。現在はどうなのでしょうか。

(1)次のグラフは、「"夫は外で働き、妻は家庭を守るべきである"という考え方について、あなたはどうお考えですか。この中から1つだけお答えください」という世論調査の結果です。これを見て、思ったこと、考えたこと、感じたこともとに、みんなで話し合ってみましょう。

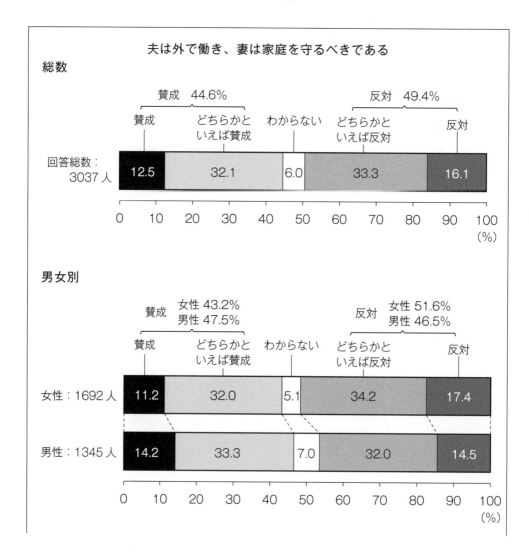

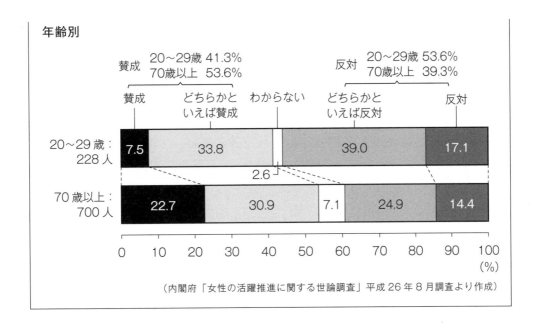

年齢別

（内閣府「女性の活躍推進に関する世論調査」平成26年8月調査より作成）

メモ欄：

テーマ5 待機児童はなぜ生じる?

　保育所等への入所申請をしているにもかかわらず、入ることがかなわない子どものことを待機児童といいます。下のグラフは、待機児童の数と放課後の学童クラブに入れない児童数をあらわしています。合わせて、保育所などでどれほどの子どもが入れるかを示す定員数の推移ものせています。

　少子化が進むなかでも、保育所などで子どもを受け入れる定員数は増えています。しかし、なぜ待機児童の数は依然として高いのでしょうか。

　気付いたこと、思ったことをもとに、みんなで話し合ってみましょう。

保育所等待機児童数と保育所等定員及び放課後児童クラブの利用を希望するが利用できない児童数の推移

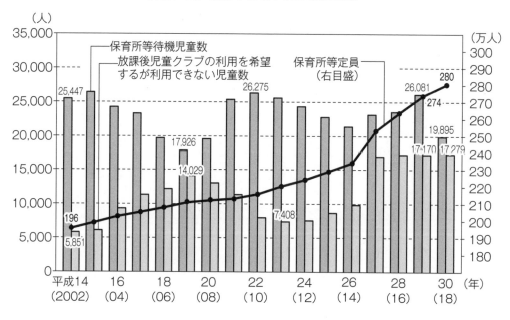

（内閣府『令和元年版男女共同参画白書』（令和元年6月））

メモ欄：

テーマ6 **保育園・送り、お迎えはだれ？**

　次のグラフは、子どもを保育園や幼稚園に送る・迎えるのはだれかをあらわしています。このグラフから、思ったこと、考えたことをもとに、みんなで話し合いましょう。

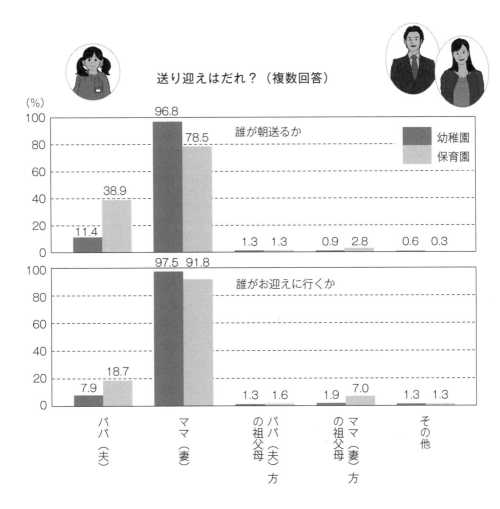

送り迎えはだれ？（複数回答）

誰が朝送るか
　幼稚園
　保育園

	パパ（夫）	ママ（妻）	パパ（夫）方の祖父母	ママ（妻）方の祖父母	その他
幼稚園	11.4	96.8	1.3	0.9	0.6
保育園	38.9	78.5	1.3	2.8	0.3

誰がお迎えに行くか

	パパ（夫）	ママ（妻）	パパ（夫）方の祖父母	ママ（妻）方の祖父母	その他
幼稚園	7.9	97.5	1.3	1.9	1.3
保育園	18.7	91.8	1.6	7.0	1.3

（アットホーム調べ。アットホーム株式会社「一都三県在住の幼稚園・保育園児の親に聞く『通園に関する実態調査』」（2019年2月25日）より作成）

メモ欄：

女性の管理職・国際比較

　管理職（会社でいえば課長以上の役職）のうち、女性はどのくらいいるのでしょうか。次のグラフは、日本をふくめた様々な国の女性管理職の比率をあらわしています。

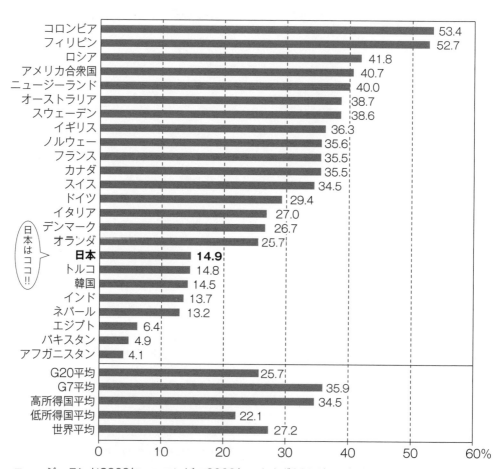

管理職のなかでの女性の比率

ニュージーランド2008年、コロンビア2009年、カナダ2014年、オーストラリア、2017年、ネパール2017年、エジプト2017年、アフガニスタン2017年、その他の国は2018年のデータ。

(ILO/STAT:[5.5.2] Women in managementより作成)

(1)このグラフを見て、思ったこと、感じたことをみんなで話し合ってみましょう。

メモ欄：

----

(2)なぜ日本では女性の管理職（経営者層）の割合が低いのでしょうか。考えたことをもとに、みんなで話し合ってみましょう。

メモ欄：

テーマ8 女性の専業主婦願望はどれほどか？

　日本では長らく、夫は会社で夜遅くまで働き、妻は家で育児・家事にあたりながらそれを支える、という役割分担が一般的なあり方ととらえられてきました。それが、1995年あたりを境にして、専業主婦世帯の数を共働き世帯が上回るようになり、2018年では、専業主婦世帯が600万世帯に対して、共働き世帯がその倍にあたる1219万世帯に達しています。今や、女性が働くことの方が当たり前になったといえるでしょう。女性は専業主婦という在り方・生き方をどのように思っているのでしょうか。特に、働く女性はどう思っているのでしょうか。

(1)次のグラフは、未婚女性を対象に「あなたの理想とする人生はどのタイプですか」と尋ねたアンケート調査結果です。これを見て、思ったこと、感じたことをもとに、みんなで話し合ってみましょう。

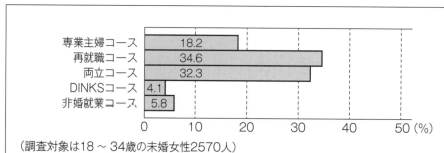

（調査対象は18 〜 34歳の未婚女性2570人）

　専業主婦コース：結婚し、子どもを持ち、結婚あるいは出産の機会に退職し、その後は仕事を持たない
　再就職コース：結婚し、子どもを持つが、結婚あるいは出産の機会にいったん退職し、子育て後に再び仕事を持つ
　両立コース：結婚し、子どもを持つが、仕事も一生続ける
　DINKSコース：結婚するが、子どもは持たず、仕事を一生続ける
　非婚就業コース：結婚せず、仕事を一生続ける

国立社会保障・人口問題研究所「第15回出生動向基本調査」（2017年3月31日）

- -

　メモ欄：

- -

(2)次のグラフは、働く女性に対して、「本当は専業主婦になりたいか」と尋ねた
　　アンケート調査結果です。これを見て、思ったこと、感じたことをもとに、
　　みんなで話し合ってみましょう。

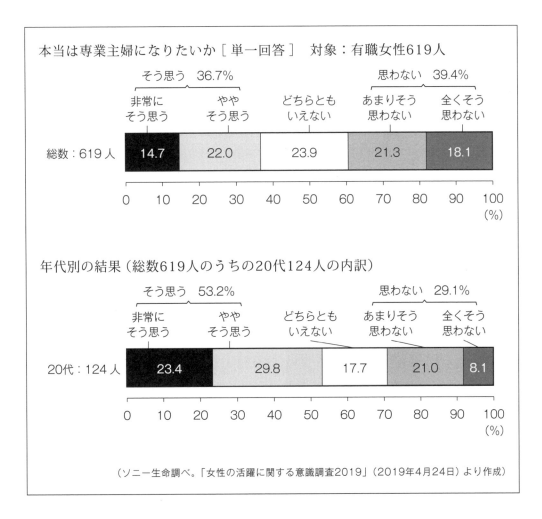

本当は専業主婦になりたいか［単一回答］　対象：有職女性619人

（ソニー生命調べ。「女性の活躍に関する意識調査2019」（2019年4月24日）より作成）

メモ欄：

(3)次のグラフは、専業主婦に対して、「本当は外に働きに行きたいか」と尋ねた
　アンケート調査結果です。これを見て、思ったこと、感じたことをもとに、
　みんなで話し合ってみましょう。

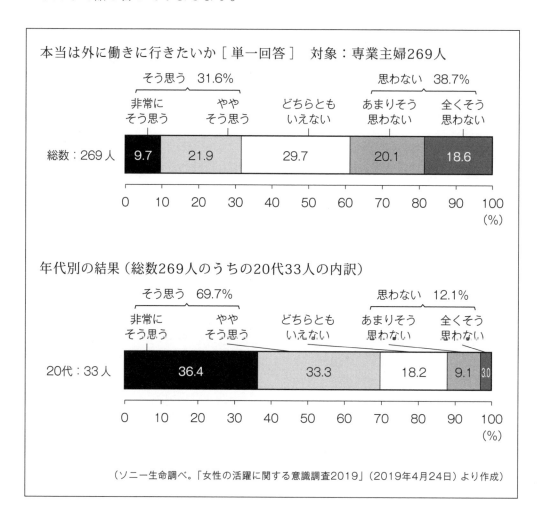

メモ欄：

│2 - 6│　会社への就職

　2018年の日本の就業者（現に働いている人等）は6,664万人です。そのうち、公務員や自営業者などを差し引けば、日本の就業者の多数派は民間企業（株式会社）の社員です。つまりみなさんも5年後、10年後には会社員になっている可能性が高いわけです。会社（企業）に就職するとはどういう世界で生きることなのでしょうか。待遇は？　将来への見通しは？

テーマ1 大企業と中小企業の違い

　資本金や従業員が多い大企業とそうではない中小企業とは様々な面で違いがあります。そこで、次の4つのグラフを見てその違いを確認してみましょう。

(1)大企業と中小企業の割合

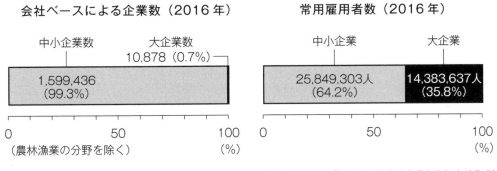

（中小企業庁編『2019年版中小企業白書』より作成）

(2)大企業と中小企業の労働時間

企業規模別月間総労働時間の推移

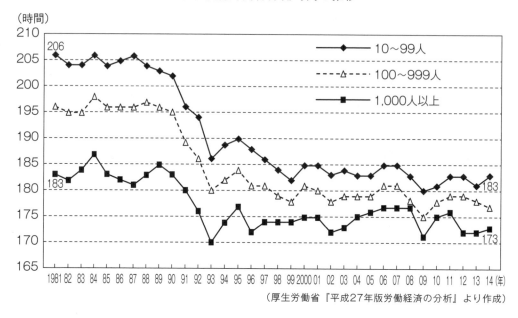

（厚生労働省『平成27年版労働経済の分析』より作成）

(3)大企業と中小企業の月給

従業員規模別の給与額の推移

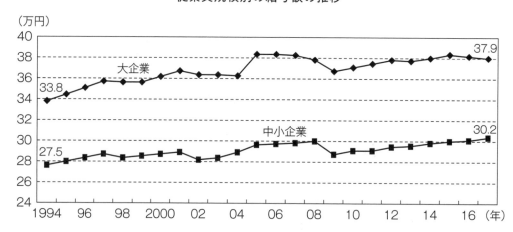

・給与額とは各年の６月に支払われた給与額のこと
・中小企業とは299人以下の企業のこと（卸売業、サービス業、小売業、飲食店は99人以下）、大企業とはこれ以外の企業のこと

（中小企業庁編『2019年版中小企業白書』より作成）

メモ欄：

テーマ2 **新入社員の意識は**

　会社に入社して間もない新入社員は、これから始まる社会人生活をどのように感じているのでしょうか。次のアンケート調査の結果はその一端を示しています。

(1)入社直後の心境について

これからの社会人生活は不安より期待の方が大きい

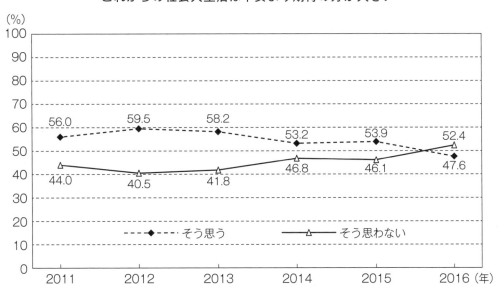

調査対象：2016年春に実施した日本生産性本部経営開発部主催の新入社員教育プログラム等の参加者（実施時期：2016年3月下旬〜4月中旬）
有効回答数：1951通

（日本生産性本部「2016年度　新入社員春の意識調査」より）

　もし自分が新入社員だったとしたら、期待と不安、どちらが強いと思いますか。上のアンケート結果を参考にしながら、みんなで話し合ってみましょう。

メモ欄：

⑵残業について

　あなたが会社に入社したとします。あなたは、"残業は多いがキャリア・能力が高められる職場"がいいですか。それとも、"残業が少なく自分の時間を持てる職場"がいいですか。次のグラフを参考にしながら、みんなで話し合ってみましょう。

残業について

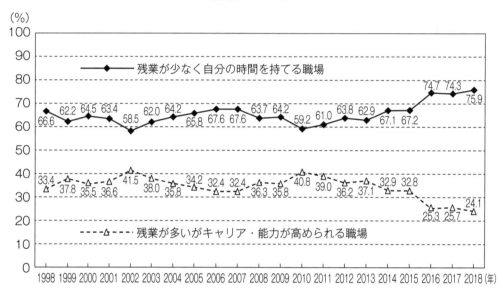

調査対象：2018年春に実施した日本生産性本部グローバルマネジメント・センター主催の新入社員教育プログラム等の参加者（実施時期：2018年3月下旬〜4月中旬）
有効回答数：1914通

（日本生産性本部「2018年度　新入社員春の意識調査」より作成）

　メモ欄：

⑶キャリアについて

　あなたが会社に入社したとします。あなたは、"ひとつの仕事や持ち場を長い間経験させて、スペシャリスト（専門家）としてきたえる職場"がいいですか。それとも、"いろいろな仕事や持ち場を経験させてジェネラリスト（会社全般の仕事が見渡せるような人）としてきたえる職場"がいいですか。次のグラフを参考にしながら、みんなで話し合ってみましょう。

キャリアについて

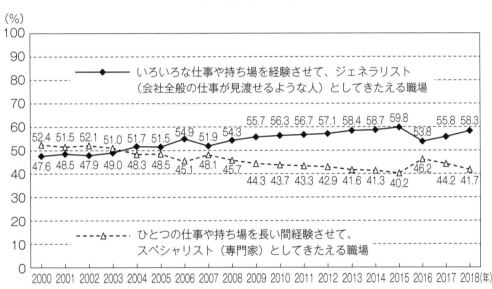

調査対象：2018年春に実施した日本生産性本部グローバルマネジメント・センター主催の新入社員教育プログラム等の参加者（実施時期：2018年3月下旬〜4月中旬）
有効回答数：1914通

（日本生産性本部「2018年度　新入社員春の意識調査」より作成）

メモ欄：

⑷次の表は、2017年春に入社した新入社員に対して行った"最も関心のある勤務形態は何か"という質問に対するアンケート結果です。

あなたが会社に入社したとして、どの勤務形態に関心がありますか。この結果を参考にしながら、みんなで話し合ってみましょう（カッコ内は筆者が書き加えた文言）。

・在宅勤務制度（自宅で仕事をする）	26.9%
・サテライトオフィス等の施設利用型（自宅の近くなどにある、会社とつながる仕事場で仕事をする）、テレワーク型（自宅などで通信機器などを使って仕事をする）	14.1%
・モバイルワーク制度（ネットなどを活用して、いろいろな場所（車内やカフェ、出張先など）で働く）	2.3%
・朝方勤務（早朝から仕事を始めて夕方前には終える）	10.3%
・転勤のない地域限定勤務（自宅から通える、自分の好きなエリアで働く）	27.0%
・短時間型勤務（給与は下がるが、1日6時間、4時間勤務など）	19.4%

調査対象：2017年春に実施した日本生産性本部経営開発部主催の新入社員教育プログラム等の参加者（実施時期：2017年3月下旬〜4月中旬）
有効回答数：1916通

（日本生産性本部「2017年度　新入社員春の意識調査」より作成）

メモ欄：

テーマ3 給料の決め方〜年功序列か成果主義か

給料はどういう考えで決めるべきでしょうか。

かつて日本では、給与は年齢や勤続年数と比例して上昇していく年功序列型賃金が一般的でした。しかし、1990年以降のバブル崩壊を境に、年齢や勤続年数に関係なく、その社員の仕事ぶりや成果を上司が評価して賃金を決める成果主義を取り入れる会社が増えたのです。1990年代には、年功序列型賃金などは悪しき労働慣行であるとさえ思われていました。

ところが現在でも、年功序列型賃金制度を採用している企業は多くあります。その利点も無視できないということなのでしょう。

あなたは、年功序列型、成果主義のどちらを支持しますか。次のグラフや表を参考にしてみんなと話し合ってみましょう。

給料の決め方（給与体系）

調査対象：2018年春に実施した日本生産性本部グローバルマネジメント・センター主催の新入社員教育プログラム等の参加者（実施時期：2018年3月下旬〜4月中旬）
有効回答数：1914通

（日本生産性本部「2018年度　新入社員春の意識調査」より作成）

年功序列型賃金について

メリット（利点）	デメリット（欠点）
・中高年の社員に有利である。 ・成果を求めてがつがつ仕事をしなくてよい。安心して仕事に励むことができる。 ・同僚社員とよけいな競争をしなくていい。 ・子供の成長に伴って教育費は増えていくなどの理由から、社員のライフステージに合っている仕組みである。	・仕事をしない、仕事のできない社員までも給料が上がってしまう。 ・若い社員のやる気をなくす。 ・会社にとって人件費がかさむ。 ・社員が自分の能力、成果を高めようという気持ちを持たなくなる。 ・会社が活性化しない。

成果主義について

メリット（利点）	デメリット（欠点）
・若くて、エネルギッシュな社員に有利である。 ・同僚に対する競争心が高まり、社内に活気が出る。 ・高い給料を求めるために仕事に対する熱意が高まる。 ・成果を出せない社員（特に中高年社員）に高い給料を払う必要がなくなる。	・社員が短期的な成果を求めてしまうので、かえって会社にとってマイナスとなる。 ・社内の人間関係がぎくしゃくする。 ・上司が部下の業績評価を的確に行えるのか疑問である。 ・正しく評価されない社員はやる気をなくす。

メモ欄：

テーマ4 会社を立ち上げる（起業、創業）

　自分で会社を立ち上げる、新しいビジネスを営んでみる、これを起業、創業といいます。現在の法律では、株式会社を設立するための資本金は、1円あればいいのです。パナソニックの創業者である松下幸之助氏も、SONYの創業者である井深大氏も、もともとは、小さな会社を起業するところから始めました。

⑴あなたは起業、創業に関心がありますか。次のグラフは、起業や創業を経験しているかどうか、関心があるかどうかをもとに、日本において6種類のタイプの人がいることを明らかにしたものです。これを参考にして、自分は起業や創業に関心があるかどうか、世間の人は起業をどう思っているのかなど、みんなで話し合ってみましょう。

起業への関心・経験

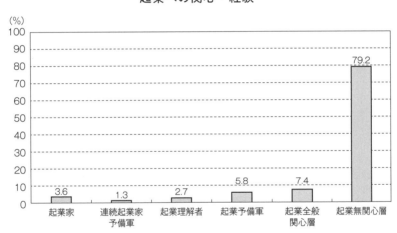

・起業家：起業経験のある人のうち現在もその事業を行っている人
・連続起業家予備軍：現在は起業をした事業から退いているが今後、起業をまた行う意思がある人
・起業理解者：現在は起業をした事業から退いており、かつ起業の意思はない人
・起業予備軍：起業全般に関心がある、自ら起業する意思がある人
・起業全般関心層：起業全般に関心があるが、自ら起業する意思はない人
・起業無関心層：起業全般に関心がない人

調査対象者：全国18歳以上80歳未満の男女10,001人を対象
調査実施期間：2018年5月
　　　（中村寛樹、本庄裕司「日本の起業家と起業支援投資家およびその潜在性に関する実態調査」（独立行政法人経済産業研究所RIETI Discussion Paper Series 19-J-015、2019年3月））

- -

　メモ欄：

- -

(2)会社を立ち上げるうえでは、さまざまな条件が整っていなくてはなりません。例えば、できたての会社に銀行はお金を貸してくれるのか、有名大学を卒業したのに大企業に入らないで起業する人を世間はどう見るのか、学校ではどの程度こうした起業を促すような教育を行っているのか、などなど、こうした起業に対する条件は国によって違います。

　起業が最も盛んな国の1つがアメリカです。アマゾンは1994年創業（創業者ジェフ・ベゾス氏は当時30歳）、フェイスブックは2004年創業（創業者マーク・ザッカーバーグ氏は当時19歳）、ツイッターは2006年創業（創業者の1人ジャック・ドーシー氏は当時30歳）。3人とも20世紀終わりから21世紀になって起業して巨万の富を得た人達です。

　そこで、起業するうえでの条件や環境の様子を日本とアメリカで比較してみました。それが次のグラフや表（ア）、（イ）、（ウ）、（エ）です。グラフや表を見て、アメリカと日本の、起業に関する条件や環境について、みんなで考え、そして意見交換をしてみましょう。

日米の起業をめぐる環境・条件

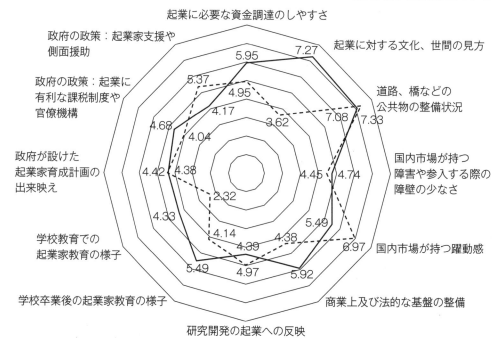

(Global Entrepreneurship Monitor, *2018/19 Global Report*, p.88, p.113より作成)

（ア）表1

起業してから40か月を経過している人が18歳
～64歳人口全体の何％を占めているか

日本	アメリカ
5.3%	15.6%

（イ）表2

1年前に立ち上げたビジネスの廃業割合

日本	アメリカ
1.8%	4.7%

（ウ）表3

起業を優れた職業上の業績であると回答した人
の割合

日本	アメリカ
22.8%	62.7%

（エ）表4

成功した起業家に高い評価を与えると回答した
人の割合

日本	アメリカ
51.5%	78.7%

（Global Entrepreneurship Monitor, *2018/19 Global Report*, p.116 ～ p.137より作成）

メモ欄：

第**3**章

職業生活と生きがい　〜自分を支える根拠

　古代ギリシャの哲学者ソクラテスは高弟クリトンに"最も尊重しなければならぬのは生きることではなくて善く生きることだ"と論じています。働くことも生きることの一環と考えれば、私たちは単に働くのではなくて、"善く働く"べきです。"善く働く"とは、仕事や職業のなかに生きがいを見出すという意味に取ることができると思います。自分にとっての支えや精神・ポリシーのようなものがあって、それを生きがいにして職業を選ぶ、あるいは職業生活を営む、こういう仕事人生ならば、十分に"善く働く"に値するといっていいでしょう。

　職業人生を迎えるにあたり、大切なことは、自分はこれから"何がしたいのか"を模索することです。その問いを自分に投げかけることを通じて、あなたの職業人生の支え・生きがいが浮き彫りになるのではないかと思います。こうした主題に取り組んでみましょう。

| 3-1 |　理想の働き方

　みなさんのなかには、すでにアルバイトの経験がある人もいれば、まだ一度も働いたことがない人もいるでしょう。いずれ学校を卒業し社会に出たら仕事に就くことになります。これからは60歳を超えてもそれまでと同じように働く時代といわれていますから、みなさんがこれから就くであろう職業や仕事は、短期的なものも多いアルバイトとは違う重みがあります。働くとはどういうことなのか、その目的や、理想の仕事とは何か、ここで考えてみましょう。

テーマ1　働く目的は？

　職業や仕事を続けるためには、何かしらの目的や意図をもって働くことが普通でしょう。目的もなくただ無自覚に働いていても、長くは続かないはずです。

(1)働く目的は何でしょうか。その答えになるような、次の4つの選択肢があります。自分の考えにもとづいて、カッコのなかに優先順位をつけてみて下さい。

（　　）生きがいをみつけるために働く

（　　）自分の才能や能力を発揮するために働く

（　　）社会の一員として務めを果たすために働く

（　　）お金を得るために働く

⑵その順位づけについて、みんなと話し合ってみましょう。

メモ欄：

テーマ2 理想の仕事とは？

　多かれ少なかれだれもが仕事に対して理想を抱いているはずです。これから職業を見つけ、仕事に就くみなさんにとっては特に、理想の仕事に思いを寄せることは職業・仕事選びを行ううえで絶対に必要です。

⑴あなたにとって、理想的な仕事とは何でしょうか。選択肢を下にあげていますので、自分の考えにもとづいて、これは自分に合っているという項目のカッコのなかに○をつけてみてください。○はいくつあってもかまいません。

（　　　）収入が安定している仕事

（　　　）自分にとって楽しい仕事

（　　　）私生活とバランスがとれる仕事

（　　　）自分の専門知識や能力がいかせる仕事

（　　　）健康を損なう心配がない仕事

（　　　）世の中のためになる仕事

（　　　）失業の心配がない仕事

（　　　）高い収入が得られる仕事

⑵その結果について、みんなと話し合ってみましょう。

メモ欄：

テーマ3 **働く目的 ～世論調査結果より**

　次のグラフは、「あなたが働く目的は何ですか。あなたの考えに近いものをこの中から<u>1つ</u>お答えください」という世論調査の結果です。

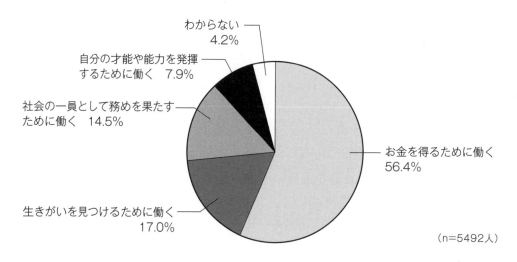

働く目的は何か

わからない
4.2%

自分の才能や能力を発揮
するために働く　7.9%

社会の一員として務めを果たす
ために働く　14.5%

お金を得るために働く
56.4%

生きがいを見つけるために働く
17.0%

(n=5492人)

（内閣府「国民生活に関する世論調査」（令和元年6月調査）より作成）

(1)この調査結果と先ほどあなたや他のみなさんが回答した結果を比べながら思ったこと、気付いたことを話し合ってみましょう。

- -

　メモ欄：

- -

テーマ4 **理想の仕事 〜世論調査結果より**

　次のグラフは、「世の中には、いろいろな仕事がありますが、あなたにとってどのような仕事が理想的だと思いますか。この中からいくつでもあげみてください」という世論調査の結果です。

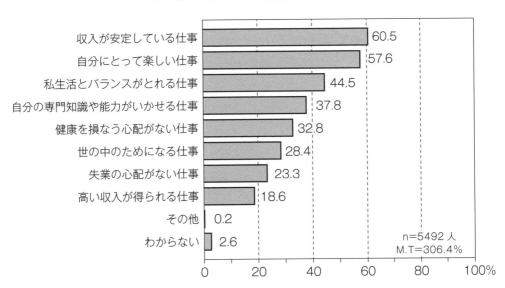

どのような仕事が理想的だと思うか

- 収入が安定している仕事 60.5
- 自分にとって楽しい仕事 57.6
- 私生活とバランスがとれる仕事 44.5
- 自分の専門知識や能力がいかせる仕事 37.8
- 健康を損なう心配がない仕事 32.8
- 世の中のためになる仕事 28.4
- 失業の心配がない仕事 23.3
- 高い収入が得られる仕事 18.6
- その他 0.2
- わからない 2.6

n=5492人
M.T=306.4%

（内閣府「国民生活に関する世論調査」（令和元年6月調査）より作成）

(1)この調査結果と先ほどあなたや他のみなさんが回答した結果を比べながら思ったこと、気付いたことを話し合ってみましょう。

　メモ欄：

| 3 - 2 | 生きがいの模索 ～"何がしたいのか"への気づき

　一度きりの人生なのだから意味のある人生にしたいと人は思っているはずです。自分の人生に意味を与えるうえで有効な道の１つは、誰かの生き方の中に、自分が共鳴できるような何かを見出すことだと思います。そういう人を探してみませんか。あなたの生きがいとは何か、という問いの答えにつながるかも知れません。

テーマ１　この人を知ってますか？

　これから８人の人物の生き方、業績を紹介します。一人ひとり順に読んでてください。

(1)島秀雄（1901-1998）

　島秀雄を知っていますか。"東海道新幹線の生みの父"と呼ばれている鉄道技術者です。1964年に開通した東海道新幹線は島秀雄の尽力がなければ実現できなかったでしょう。

　新幹線の原型は太平洋戦争直前の1939年７月に鉄道幹線調査会で審議が開始された弾丸列車の構想にまでさかのぼることができます。レール幅は欧米アジア大陸と同じ広軌（1435㎜）です。東京と大阪間を４時間半、東京と下関間を９時間で結ぶという構想です。1941年には一部区間のトンネル工事が行われています（実際、そのトンネルは今の新幹線で使われています）。

　この構想が政府で浮上した当時、島秀雄は神戸の蒸気機関車の工場で技術者として働いていました。島は1925年に鉄道省（今のJR）に入り、鉄道車両の工場現場でハンマーの使い方、やすりのかけ方までの実務を身に付けます。そして現場たたき上げの技術者として、蒸気機関車の開発に取り組みます。D51という蒸気機関車は島秀雄が主任技術者の立場で製造されたものです。

　機関車のプロである島秀雄は本社から呼び出され、弾丸列車を引っ張る機関車の設計を命じられます（1940年１月）。島秀雄は蒸気機関車５種、電気機関車３種の設計をしています。しかし、戦争の激化によりこうした高速鉄道構想は実現できず、1945年に戦争が終わります。

　戦後、島は湘南電車（オレンジと緑色の通勤電車）の車両設計や運行に尽力するなど鉄道技術者として活躍していました（例えば、電車内の、段差がついたトイレは島秀雄の考案です）。

　1955年5月十河信二が日本国有鉄道（国鉄）の総裁（JR各社を束ねる社長のような地位）に就任し、東海道新幹線構想を立ち上げると島秀雄を技師長に迎えます。島秀雄はもう国鉄の要職にありますから、現場に行って指揮する立場ではありません。しかも、新幹線は国鉄の技術陣が総力を挙げて取り組んだものですから、島秀雄が東海道新幹線を作ったというのは言い過ぎかも知れません。しかし、島秀雄が新幹線建設における鉄道技術全体を見渡す立場にあったからこそ新幹線は実現できたのです。

　1964年10月1日東海道新幹線の出発式が東京駅で行われました。しかし、十河信二も島秀雄も式典には参加していません。十河信二は、ふくれあがった新幹線の建設費の責任を問われ、新幹線の開通の前に総裁を辞任、島秀雄も一緒に辞任したからです。

　島秀雄の職業人生は、その後、宇宙開発事業団（今のJAXA）の理事長にまで続くのですが、島秀雄は鉄道技術の専門家、エキスパートとして鉄道の普及と安全に生涯を捧げたのです。

（高橋団吉『新幹線をつくった男　島秀雄物語』小学館、2000年5月をもとに筆者要約）

　あなたは、島秀雄の生き方（職業人生）をどう思いますか。みんなで話し合ってみましょう。

　メモ欄：

----

(2)原敬（1856-1921）

　原敬を知っていますか。1918年（大正7年）内閣総理大臣に就任した政治家です。華族の爵位（公爵、侯爵、伯爵、子爵、男爵）を持っていない、初めての首相であることなどから"平民宰相"と呼ばれました。また、立憲政友会という政党の党首であり、かつ現職の衆議院議員でもあるという立場で首相に就任したことでも画期的でした（それ以前に大隈重信が政党の党首として内閣を組織したことはありますが（隈板内閣）、現職の衆議院議員が首相に就任するのは初めてです）。

そして何よりも、岩手の盛岡という明治維新とは縁もない、むしろ明治新政府と戊辰戦争で闘った東北の藩の出身者であることでしょう。薩摩、長州の出身者が政界を支配している明治、大正の時代では"薩長の人でなければほとんど人間ではない"（陸奥宗光の言葉）とまで言われたのです。そんな政界で原はトップまで昇り詰めました。

　原は長州出身の伊藤博文や井上 馨 からその才能を認められて、外交官、官僚、新聞社の社長になり、1900年に誕生した立憲政友会（伊藤博文が初代総裁）に入党しました。政党人としての経歴はここが始まりなのですが、政友会のマネジメント（管理、経営、運営）と政界工作で手腕を発揮し、1914年政友会の総裁になります。対立する政治家（桂太郎首相）からは「原は実に油断ならざる人物」と評されています。

　原の目標は政友会の勢力を拡張することです。そのためには、党の運営資金を豊かにするべく、経済界から多くの政治献金を集め（利権がらみの怪しいカネも含む）、それを惜しみなく選挙戦に臨む立候補者に配りました（本人の生活は非常に質素で家の座布団はつぎはぎだらけ）。

　対立する時の政府から買収のためカネを受け取った政友会の議員がいることが判明した時、原は関係する４人の政治家（自由民権運動時代からの豊富な政治経歴を持つ）を容赦なく除名処分にしています。ここぞという時には敢然と強いリーダーシップを発揮するのです。

　党勢の拡大のためには、政界の黒幕で長州閥の代表である山県有朋に対してさえ様々な工作を仕掛けます。例えば、自分の党に有利な小選挙区制の導入を山県に説きます（山県は元々は反対論者）。山県の影響力が強い貴族院に政友会の影響力を広めようともしました。政党政治や大衆運動を嫌う山県と取り巻き政治家に対して、政友会は大衆と呼応する用意があると述べて（本心ではない）、山県に圧力をかけようとしたこともあります。しかし、山県有朋との真っ正面からの衝突は避けるようにします。そんなことをすれば、政友会が潰され、政権を握ることが不可能になります。原は駆け引きや交渉力にも優れていました。

　政友会はこうした原の個性と才覚にもとづいたマネジメントに支えられていたのです。原の統率力が遺憾なく発揮され、総裁原は全党員から信頼を勝ち得たと言われています。

　1918年に寺内正毅内閣が総辞職したあと、後継の総理大臣の決定において、元老会議が開かれ（当時、次の総理大臣の指名は元老と呼ばれる明治維新の功労者が決める）、後継総理に原敬に決まりました。山県有朋も原の力を認めざるを得ませんでした。

（岡義武『近代日本の政治家』岩波文庫、2019年10月／山本四郎『原敬政党政治のあけぼの』清水書院、2017年8月／西山由理花『松田正久と政党政治の発展』ミネルヴァ書房、2017年3月をもとに筆者要約）

　あなたは、原 敬（はらたかし）の生き方（職業人生）をどう思いますか。みんなで話し合ってみましょう。

　メモ欄：

----

(3)永井荷風（ながいかふう）（1879-1959）

　永井荷風を知っていますか。明治・大正・昭和の時代の小説家です。江戸情緒が失われていく東京の様子を背景にした大人の色恋を描いた作品が特に有名です（『濹東綺譚（ぼくとうきだん）』、『腕くらべ』、『雨 瀟 瀟（あめしようしよう）』あたりが荷風らしい作品だと思います）。しかし何よりも、荷風は38歳から42年間にわたり死の前日まで克明に日記を書き続けて来ました。それは『断 腸 亭日乗（だんちようていにちじよう）』というタイトルの本で読むことができます。彼の日記からは当時の世相、世の中の雰囲気がわかるとともに、そこには荷風自身の価値観、世界観が赤裸々に書き記されているのです。

　荷風の父親はエリート官僚、大手企業の重役であったことから、息子を実業界などに従事させたいのですが、荷風は少年時代から、文学好きで、お堅い仕事には興味がありません。1903年父親は、実業界での勉学を目的に放蕩息子（ほうとうむすこ）である荷風をアメリカに行かせます。しかし、そこで荷風はフランス文学へのあこがれをますます強めます（特に、エミール・ゾラ）。日本大使館や銀行でアルバイト感覚で働くのですが、それはフランス渡航の費用をかせぐためです（日本での学生時代からアメリカに渡ってからもフランス語の勉強を続けている）。父親の力を借りて、勤め先の銀行のフランス支店に転勤します。しかし、フランスに行ったものの、銀行の仕事は規則ずくめで堅苦しく、また、組織の一員として振る舞わなければならないことから、荷風の性格には根本的に合いません。彼は早々と辞めてしまい、パリで気ままに過ごしました。

　1908年アメリカでの生活から着想を得た小説『あめりか物語』を出版し、同

業の文学者を初めとして、世間からも高い評価を受けます。同年帰国するのですが、長身でおしゃれで、フランス帰りのカッコいい荷風を世間はもてはやします。1910年森鴎外の推薦で慶應義塾大学文学部の教授に就任して、フランス文学史などを教えます。しかし、父親の死亡により、ばく大な遺産が入ったこともあり、大学教授の職を辞めて、その後は、家庭を持つことなく（短期間ですが、結婚歴はあります）、世間のしがらみに囚われることなく、気ままに東京をめぐり、好きなものを食べ、様々な女性と交際し、読みたい本を読み、書きたい小説を書きます。1919年、今の東京・六本木に転居するのですが、荷風は自宅を偏奇館と名づけました（“変な家”、“ペンキ”をかけている）。世の中の出来事に関わろうとはしないで、それを斜に構えて見ているだけ、人びとの様子を高みから見物する、孤立した個人主義者らしい人の家の名前です。日本が始める戦争に関わることがなかったことが幸いして、戦後、荷風の文学は再注目され、彼は1952年文化勲章を受章しています。死の前日（1959年4月29日）の日記には、「祭日、陰」と記されています。

（永井荷風『断腸亭日乗』（上）（下）岩波文庫、2014年4月、5月／
佐藤春夫『小説永井荷風伝』岩波文庫、2012年6月をもとに筆者要約）

　あなたは、永井荷風の生き方（職業人生）をどう思いますか。みんなで話し合ってみましょう。

　メモ欄：

----

(4)蒔岡辰雄

　蒔岡辰雄を知っていますか。谷崎潤一郎の小説『細雪』に登場する長女鶴子の夫です。鶴子、幸子、雪子、妙子の美人4姉妹は大阪船場の豪商を父に持つ超リッチなお嬢様たちです。しかし、大正末期から父親の事業は傾きかけていました。長女鶴子の夫となる辰雄はもともと銀行員だったのですが、義理の父親（つまり4姉妹の実父）が亡くなったのちは、何とか踏ん張れば維持できたにもかかわらず、一族の反対を押し切って、事業を同業者に身売りして、自分はもとの銀行員にもどってしまいます。そんな辰雄を谷崎は次のように描写しています。

　「派手好きな養父とは違い、堅実一方で臆病でさえある自分の性質が、経営難と闘いつつ不馴れな家業を再興するのに不向きなことを考え、より安全な道を選んだ」（上巻15頁）。養子である立場なので身の責任を感じたからなのでしょうが、雪子（本小説の実質の主人公）らからすれば、辰雄の行動には安定を求める余りの物足りなさを感じており、そこから、雪子、妙子は辰雄に対する不和の感情を抱き続けます。

　やがて、辰雄と鶴子は本家であるにも関わらず、転勤のため大阪を離れ、東京に引っ越します。東京の銀行員としての辰雄は、6人もの子どもがいるために、亡き父の遺産だけでは足りなくなり出世欲を出し、どこかの支店長になります。保障された生活、生活の安定を求める動機からです。家の食事の献立も質素になり、カレーライスなどなるべく一種類で大勢の者がおなか一杯になるようなものが並ぶ倹約生活になります。これも「堅実一方」、「臆病でさえある」、「安全な道」といった辰雄の性格を表す谷崎の表現がよく具体化されています。

（谷崎潤一郎『細雪』新潮文庫、平成29年4月をもとに筆者要約）

　あなたは、蒔岡辰雄（まきおかたつお）の生き方（職業人生）をどう思いますか。みんなで話し合ってみましょう。

　メモ欄：

⑸トーマス・エジソン（1847-1931）

　トーマス・エジソンを知っていますか。19世紀後半から20世紀前半にかけてのアメリカで、数々の発明品を作った人物です。"発明王"と言われています。

　幼い頃からエジソンは、好奇心が強く、探究心が旺盛でした。鳥が空を飛べるのはミミズを食べるからだとの思い込みからそれをすりつぶした水を近所の子供に飲ませた、火の特性を知るために火を起こしたら納屋が火事になった、など。とんでもないエピソードですが、アイデアを思い立ち、それを実験で確かめようとする姿勢は幼い頃から芽生えていたのです。

　15歳の時、駅で働いていたエジソンは駅長から電信の技術を教わり、鉄道会

社の電信技師になります。4年後、時間が来れば自動で電信を送る仕掛けを考案しています。当時、夜間勤務の電信技師は起きていることを証明するために、決まった間隔で本部に信号を送る義務があったのですが、エジソンにとってはそれがめんどくさいわけです。そこでこの機械を編み出したのです。この機械の発明によりエジソンはゆっくりと寝ることができました。しかしある日のこと、本部から送られた信号に反応しなかったためこれがバレてしまいました。事故につながりかねない危ない話です。ただし、アイデアはユニークです。

　それ以後も、エジソンの発明はとどまるところを知りません。"エジソンの3大発明"という言葉があります。これは蓄音機（1877年）、白熱電球（1879年）、映写機（キネトスコープ）（1891年）の3つを指します。

　エジソンはティッカー（株価を表示する機械）の発明で富を得たのちに、1876年ニューヨーク郊外のメンロー・パークに自分の研究所を設立します。エジソンが当時取り組んでいた分野の1つが音です。電話の開発を手がけるとともに（普通、グラハム・ベルが発明したと言われていますが）、音を記録する・蓄えることが必要になるとのひらめきが蓄音機（録音する機械）の発明につながります。これがレコードに発展していきます。

　白熱電球については、発明というよりは実用化への貢献という言い方が正確です。一番開発が困難だった部品がフィラメント（発光する部分）なのですが、エジソンは限りない失敗のなかから、京都の竹をその素材として選んだのです。

　エジソンは、蓄音機が耳に対してしているのと同じことが目に対してもできる（静止写真を急速に連続させて動画に見せる）というひらめきから映写機を作り上げます。エジソンの発明した映写機はのぞき込むと映像を見ることができるというもので、スクリーンに映すタイプではありません。しかし、のちにエジソンはスクリーンのタイプの映写機（ヴァイタスコープ）も発明しています。

　おびただしい数の発明とともに、エジソンは多くの会社を立ち上げています。起業です。発明し、その特許を取り、それを企業活動として製品化するのです。エジソンが設立した会社の1つは、今日アメリカの巨大電機メーカーであるゼネラル・エレクトリック社（GE）に発展していきます。エジソンは、白熱電球の開発ばかりではなく、発電所を建設し、電気を家庭や企業に送電するビジネスに大きく貢献したのです。

　好奇心や創造性、奇抜な思考回路、粘り強い努力、負けず嫌い、こうした資質が数々の発明を生み出したエジソンを駆り立てたのではないかと思います。

（キース・エリス　伊佐喬三訳『エジソン：発明の天才』東京図書、1978年12月／ニール・ボールドウィン　椿正晴訳『エジソン　20世紀を発明した男』三田出版会、1997年4月／マシュウ・ジョセフソン　矢野徹他訳『エジソンの生涯』新潮社、1974年12月／樋口健夫「トーマス・A・エジソ

ンの発明の秘密12章」『開発工学』Vol.33、No.1、2013をもとに筆者要約）

　あなたは、トーマス・エジソンの生き方（職業人生）をどう思いますか。みんなで話し合ってみましょう。

メモ欄：

⑹マザー・テレサ（1910-1997）

　マザー・テレサを知っていますか。インドで貧しい人びとへの支援に生涯を捧げたキリスト者です。1910年にマケドニアで生まれたテレサ（本名はアグネス・ゴンジャ・ボワジュ）は敬虔（けいけん）なカトリック教徒である両親に育てられました。12歳の時に修道女になりたいとの思いを抱くようになり、18歳でインドへ宣教者を送っているロレット女子修道会に入会し、1929年インドのコルカタに派遣されます。そこで、約20年間ロレット修道会が運営する聖マリア高等学校で教員を務め、校長職に就きます。

　1948年ロレット修道会から離れるのですが、彼女の偉業はここから本格化します。一人のキリスト者として、コルカタで貧しい人びとが暮らすスラム街で生活し、貧しい人びとのなかでも最も貧しい人びとへ自らの人生を捧げるのです。1952年には、ホームレスで行き倒れになっている人を救うために、コルカタで"死を待つ人の家"を作ります。1954年には貧困と飢餓のために捨てられた子供を保護する"孤児の家"も作ります。1957年には"ハンセン病の人達の家"を作りました。人びとは彼女をマザー・テレサと呼ぶようになりました。マザー・テレサの活動はインドだけにとどまらず、世界に広がり、共鳴する修道女の数も何千人にもなったのです。

　マザー・テレサの言葉を紹介しましょう。

　「私たちがセンターを持つほとんどの都市に"死を待つ人の家"があります。私たちは路上から死にかけている貧しい人びとをホームに連れて帰ります。カルカッタ（コルカタの旧名、筆者挿入）だけで5年間に3万6千人の人びとを収容し、そのうち1万7千人がお世話をしている間に死にました。美しい死を迎え

ました。その1人が言いました。

"私は路上で動物のように暮らしてきました。それなのに愛と思いやりに囲まれて天使のように死ねます"。

貧しい人たちは愛するに値する偉大な人たちです」（『マザー・テレサ最後の愛の言葉』41頁）。

もう1つ。

「少し前、真夜中頃に小さい子供が私たちの家にやってきました。ドアのほうに行って子供のためにドアを開けました。子供は泣きながら言いました。

"お母さんのところに行ったけれど僕のことをいらないと言ったんだ。お父さんのところに行ったけどお父さんからもいらないと言われたんだ。僕のことを好きになってください。マザーだけでも"」（同上、51頁）。

マザー・テレサにとって最大の病とは、「誰にも必要とされず、誰にも気にも留めてもらえず、すべての人から見捨てられるという孤独」であるといいます（『マザー・テレサの「愛」という仕事』122頁）。マザーはこの小さな子どもの最大の病を治したのです。

マザー・テレサは1979年にノーベル平和賞を受賞します。受賞に際して、「私は受賞に値しませんが、世界の最も貧しい人々に代わって賞を受けました」と挨拶しています。インドで87年の生涯を終えたのですが、葬儀はインドの国葬として行われました。

（ホセ・ルイス・ゴンザレス-バラード編　鳥居千代香訳『マザー・テレサ最後の愛の言葉』明石書店、2000年8月／ホセ・ルイス・ゴンザレス-バラード他編　山﨑康臣訳『マザー・テレサの「愛」という仕事』青春出版社、1998年9月／五十嵐薫『マザー・テレサの真実』PHP研究所、2007年5月をもとに筆者要約）

　あなたは、マザー・テレサの生き方（職業人生）をどう思いますか。みんなで話し合ってみましょう。

　メモ欄：

番号　　　　氏名

(7)テンジン・ノルゲイ（1914？-1986）

　テンジン・ノルゲイを知っていますか。1953年５月29日午前11時30分、世界で初めてエベレスト（8848メートル）に登頂した１人です。チベット系民族であるシェルパ（ヒマラヤ登山隊では主に物資を運ぶ役割を担う）の１人として、イギリスのエベレスト登頂隊（隊長はジョン・ハント）に加わりました。その前年にはスイス隊の一員として頂上直下にまで登っています。その実績から雇われたのです。彼は数多くのシェルパのリーダーです。

　５月７日、隊長のハントは頂上を目指すアタック隊のメンバーを発表します。第１次アタック隊はエヴァンズとボーディロンという登山家で、第２次アタック隊がエドモンド・ヒラリーとテンジンでした。イギリス隊は前年に挑戦したスイス隊のルートや残した装備（例えば食糧や酸素ボンベ）を上手に使いながら、登り続けます。第１次アタック隊は５月26日エベレスト南峰（8749メートル）まで登りますが、あと90メートル残して断念しています。その下のサウス・コル（およそ7900メートル）までもどった２人のうちの１人はかなり衰弱していました。そこで２人を無事に下ろすために、隊長のハントはここで下山します。

　第２次アタック隊のヒラリーとテンジンは５月28日、他のメンバー３人も同行して（荷揚げを手伝う）、頂上付近の第９キャンプに着きます（同行した３人はここで下山です）。そして、５月29日ヒラリーとテンジンは頂上を目指します。

　ヒラリーは次のように描写しています。

　「尾根を登っている間、頂上は雪庇（谷側に張り出した雪のこと、筆者挿入）の頂点なのかも知れないという考えがずっと私を悩まして来たのだった。だからここまで来て危険を冒す手はなかった。私はテンジンにしっかり確保してくれと頼んでから、尾根に注意深くステップを切りはじめた。左右に眼を配り、ピッケルを突き刺しては雪庇がありはしないかと確かめたが、どこも堅くしっかりしていた。私は手を振ってテンジンに来いと合図した。あと二、三度ピッケルを揮い、二、三歩、疲れた足を運ぶと、われわれ二人はエヴェレストの頂に立った」（『わがエヴェレスト』290頁）。

　氷河の裂け目を渡りながら、氷の斜面を登りながら、何千メートルも切り立った絶壁の斜面を這いつくばって、酸素ボンベの酸素残量がなくなりつつあるなかで、ここ

までたどり着きました。二人の頂上での滞在時間は15分でした。

　テンジンは頑強で弱音を吐きません。ヒラリーが先頭を行く時でも必ず黙々と後についてきます。ヒラリーからどうするかと意見を尋ねられても、"お好きなように"と答える度胸の良さが備わっています。イギリス隊が世界で初めてエベレスト登頂に成功したのはテンジンの登山経験と、どんなリスクにも立ち向かう不屈の精神、そして登山への情熱があったからです。

（エドマンド・ヒラリー　松方三郎他訳『わがエヴェレスト』朝日新聞社、1956年7月／フィリップ・バーカー　藤原多伽夫訳『ヒマラヤ探検史』東洋書林、2015年2月／ジュディ＆タシ・テンジン丸田浩他訳『テンジン』晶文社、2003年4月をもとに筆者要約）

　あなたは、テンジン・ノルゲイの生き方（職業人生）をどう思いますか。みんなで話し合ってみましょう。

　メモ欄：

----

(8)浜崎伝助

　浜崎伝助を知っていますか。やまさき十三作の人気漫画『釣りバカ日誌』主人公のサラリーマンです。あだ名の"ハマちゃん"でよく知られていますので、ここでもハマちゃんで進めましょう。ハマちゃんは、鈴木建設株式会社の営業3課に所属する平社員です。同期に入社した同僚は課長などに昇進しているのですが、ハマちゃんは昇進には関心がなく、出世欲が全くありません。趣味の釣りに自分の生きがいを見出しているからです。休みの日ばかりではなく、出張先でも釣りを楽しみます。石ダイなどの海釣りも、ヤマメなどの川釣りも、湖でのワカサギ釣りなども、釣りならば何でもオーケーです。地方に左遷されるとなれば、釣りができると言って喜ぶほどで、山奥ならイワナが採れる、北海道ならオヒョウが釣れる、と言っている有様です。

　釣りの名人であるハマちゃんの弟子に当たる人が鈴さんです。本名は鈴木一之助、ハマちゃんが勤める鈴木建設株式会社のオーナー社長です。カリスマ性に富んだ、威厳のある経営者で、部下からは恐れられています。

　会社で仕事をする時には、ハマちゃんはペーペーの平社員、鈴さんはワンマン社長ですが、オフの時には、ハマちゃんは釣りの師匠、鈴さんはハマちゃんの弟子に立場は逆転、ハマちゃんは鈴さんにタメ口で接します。このアンバランスさが『釣りバカ日誌』の面白さの極みです。

　ハマちゃんは、昼休みの時間には、スポーツ新聞で釣りの紙面ばかりを読んでいます。毎朝遅刻して、直属の上司である佐々木課長からいつも叱られるのですが、根っからの楽天家ですから、全然気に留めません。

　しかし、実は仕事については相当の成果を出しており、困難なビジネス案件も持ち前の明るい人柄で解決していきます。仕事もしっかりやらなければ大好きな釣りができなくなることをよくわかっているのです。

　ハマちゃんの奥さんも寛容な人で、出世に無頓着な夫に対して不満を持つことはありません。家庭は円満で夫婦と一人息子の3人で仲良く暮らしています。

（やまさき十三、淡輪敬三『釣りバカ日誌　ハマちゃん流』日本経済新聞社、2004年9月をもとに筆者要約）

　あなたは、浜崎伝助（ハマちゃん）の生き方（職業人生）をどう思いますか。みんなで話し合ってみましょう。

　メモ欄：

⑼あなたは、この8人のうちのだれに一番共鳴し、一番関心を持ちましたか。それはなぜなのでしょう。どこに共鳴、関心を抱いたのですか。みんなで話し合ってみましょう。

　メモ欄：

■ テーマ2 どの生き方、どの働き方に共感しますか？

　人生を生きることや職業生活を営むうえで、私たちは、何かを支えや拠り所にして、何かにこだわって生きる、職業を営むものであると考えます。人は、自分の主義主張、ポリシーをもって人生を生きる、職業に臨む、職業を選ぶ、もっとはっきり言うならば、何かを“生きがい”にして生きる、職業生活を営むということです。

　それは、例えば次のような生き方（職業生活）です*1。

(1)自分の専門性を拠り所にして職業に臨む。組織をまとめ、管理するゼネラリストではなく、特殊な分野に秀でたスペシャリスト志向を持つ。

　　⇒　例えば、島秀雄のように

(2)立身出世にこだわる、組織をまとめ、管理するゼネラリストになることを支えに職務に励む、権力志向を持つ。

　　⇒　例えば、原敬のように

(3)組織に所属しないで自由、自立した状態で生きることを支えにする、束縛から自由であることが自分のポリシーである。独立することが重要である。

　　⇒　例えば、永井荷風のように

(4)生活の安定を人生や職業生活上の支えにする。安定し保障された職業に就くことにこだわる、リスク（危険）の回避が大切である。

　　⇒　例えば、蒔岡辰雄のように

(5)自分が抱いたアイデアを実現させたい、独創性のあるひらめきや考えを生かせる職業にこだわる、創造性のある（クリエイティブな）業績を築きたい、自分で会社を立ち上げたい。

　　⇒　例えば、トーマス・エジソンのように

(6)困っている人や弱い立場の人に奉仕することを生きがいにする。人や社会への献身や貢献を人生の拠り所にする。

　　⇒　例えば、マザー・テレサのように

(7)チャレンジ精神を人生や職業生活での支えにする。多少の困難にはめげない、

---

*1　アメリカの経営学者エドガー・シャイン（Edgar Schein、1928-）は、職業上の支え、こだわりのことをキャリア・アンカー（career anchor）と名づけました。(1)から(8)はシャインがあげた8つのキャリア・アンカーに対応しています。アンカーとは船に付いている錨の意味です。人生、社会という大海原にいる私たちは船のようなものです。錨がなければ、社会のなかで、自分の人生でありながら漂流するだけです。錨はそれを防ぎ、自分が生きていくうえでの支え、拠り所になるのです。それは、自分を支える “生きがい” という言葉に言い換えることができます。加えて、“生きがい” はアイデンティティ（自分らしさ、自分らしく生きる）の意味に通じていますからキャリア・アンカー≒職業上の生きがい≒職業でのアイデンティティというつなぎ方ができるのです。

積極的にリスク（危険）を取りに行く。

　⇒　例えば、テンジン・ノルゲイのように

⑻仕事以外のやりたいことを生きがいにする、趣味を人生の支えにする、私生活のための仕事という割り切り方で仕事に臨む。

　⇒　例えば、浜崎伝助（ハマちゃん）のように

　あなたは、⑴から⑻までの生き方（職業生活）のどれに一番、共感しますか。共鳴しますか。

　【テーマ１】の⑼、“８人のうちのだれに一番共鳴しますか、だれに一番関心を持ちましたか”に対するコメントと今度の回答が違っていても構いません。みんなで話し合ってみましょう。

　メモ欄：

■テーマ３■ 生きがいとは ～神谷美恵子のメッセージより

　⑴～⑻の生き方（職業生活）は、あくまでも例であり、その他の特徴ある生き方もあるはずです（例えば、お金を得ることを生きがいにする、子供がいることを支えにしてつらい仕事でも引き受ける等）。ポイントは、人は何かを支え、拠り所、生きがいにして生きる、職業生活を営むという点です。

　次の文章は神谷美恵子『生きがいについて』（みすず書房、2004年10月）からの一節です*2。これを読んで、みんなで話し合ってみましょう。

　「ほんとうに生きている、という感じをもつためには、生の流れはあまりになめらかであるよりはそこに多少の抵抗感が必要であった。したがって生きるのに努力を要する時間、生きるのが苦しい時間のほうがかえって生存充実感を強めることが少なくない」（24頁）

*2　神谷美恵子（1914～1979）：医師、エッセイスト、翻訳家。津田英学塾（今の津田塾大学）を卒業後、アメリカ留学、東京女子医学専門学校（今の東京女子医科大学）を卒業し、医師となる。瀬戸内海の長島愛生園でハンセン病患者の支援に携わる、患者との生活を続けるなかで、1966年『生きがいについて』を出版する。

「どういう人が一ばん生きがいを感じる人であろうか。自己の生存目標をはっきりと自覚し、自分の生きている必要を確信し、その目標にむかって全力をそそいで歩いているひと—いいかえれば、使命感に生きるひとではないだろうか」（36頁）

　「人間として一層ゆたかに、いきいきと生きようとするこの種の欲求をマスローは"成長動機"と呼んで"欠如動機"*1から区別した。後者の場合には、欲求不満による緊張を解除しようとする欲求が働くが、"成長動機"の場合にはむしろわざわざ一層の困難や努力を、すなわち、一層の緊張を求める欲求がみられるという」（52-53頁）

　「生きがい感のなかに自我感情がひそんでいるのを私たちはみて来た。その訳の１つは、生きがいを求める心に、自己の内部にひそんでいる可能性を発揮して自己というものを伸ばしたいという欲求が大きな部分を占めているからであろう」（71頁）

　メモ欄：

ここは大切！

みなさんも、自分の生きがいとは何だろうかと自問してみてください。そして、これから職業生活を迎えるに当たり、自分は何を支えにして、何を拠り所にして職業を選ぶか、自分の職業生活上の生きがいは何か、を例えば、⑴から⑻までのパターン等を参考にして考えて欲しいのです。

*1　アメリカの心理学者マズロー（Abrahman Maslow, 1908-1970）は、人間の欲求には生理的欲求から自己実現欲求まで５段階あると論じました。このうち、生理的欲求とは、お腹がすいた、寒いから厚手の服が欲しい、というように欠如している何かを埋めるための欠如動機にもとづいています。これに対して自己実現欲求は、自分の才能を伸ばしたい、おのれを磨（みが）きたい、成長したい、という成長動機にもとづいています。

3-3 自分の向上 ～"何ができるか"への気づき

　会社などに雇われて仕事をするためには、私たちは、雇われるに足るだけの能力や資質を持っていなければなりません。例えば、ある会社に顧問弁護士として雇われた弁護士は、法律のことを細部に至るまでよく知っている、訴訟になれば相手と議論する弁論術を備えている、といった能力を持っているのです。

　みなさんも職業に就き、仕事をするうえでは、それに向けて自分の能力や資質を高め、磨く必要があります。つまり、可能なかぎり自分を高めることが求められるということです。

　しかし、高めるべき、身に付けるべき能力や資質とは単に日々の仕事の実務をこなす能力だけではありません。仕事に対する責任感や法令を遵守して仕事に臨む倫理感、さらに、市民社会の一員としての自覚といったものも含まれるのです。

テーマ1 どんなことをしてみたいですか？

　次の1から25までの項目で、今一番やってみたい、してみたいと思うものを、3から5項目ほど選んで数字に○をつけましょう。少しだけ、自分のこれからの傾向がわかるかも知れません。そしてみんなで話し合ってみましょう。

1．お金儲けがしたい

2．困っている人を助けたい

3．新しいことに挑んでみたい

4．家庭を大切にしたい

5．仕事は何でもいいから趣味に生きたい

6．立身出世したい

7．地道に生きたい

8．人と積極的にコミュニケーションを取りたい

9．仕事は何でもいいから経済的に安定していたい

10．人と協調するよりも1人で何かに取り組みたい

11．未知の世界を解明したい

12．芸術活動をずっと続けたい

13．人の役に立ちたい

14．世界を舞台に仕事がしたい

15．自分の地元にずっといたい

16．自分の仕事で他人に喜んでもらいたい

17. リーダーシップを発揮したい

18. 教科の勉強をずっとしていたい

19. 東京で暮らしたい

20. 運動（スポーツ）をずっと続けたい

21. 趣味を職業にしてみたい

22. 手に職を付けたい

23. 子供達とふれあっていたい

24. 職業につながる資格や免許をとりたい

25. 機械を操作してみたい

　メモ欄：

ここは大切！

　みなさんは、将来の職業のことを考えると、ついつい"何になりたいのか"という問いを発してしまうのですが、大切な問いかけは、生きがい（大切なもの）にもとづいて"何がしたいのか"なのです。これからの人生で自分は"何がしたいのか"、"どう生きていきたいのか"、このことを問いかけてください。職業生活における自己実現への希求はここから始まります。

テーマ2　それに必要な力とは

　人が生きていく、特に職業を持って生きていくためには、必要な能力、資格、資質を備えていることが必要です。

　そこで、先程の8人の人物にもう一度注目しましょう。8人ともそれぞれ異なった生き方、職業生活を送っていますが、それぞれ独自の生き方、職業生活を送るために、どのような能力、才能、資質、人柄を備えていたと思いますか。想像力もふんだんに加えながら、みんなで話し合ってみましょう。

(1)島秀雄
<small>しまひでお</small>

メモ欄：

(2)原 敬
<small>はらたかし</small>

メモ欄：

(3)永井荷風
<small>ながいかふう</small>

メモ欄：

(4)蒔岡辰雄
<small>まきおかたつお</small>

メモ欄：

(5)トーマス・エジソン

　メモ欄：

(6)マザー・テレサ

　メモ欄：

(7)テンジン・ノルゲイ

　メモ欄：

　　はまさきでんすけ
(8)浜崎伝助（ハマちゃん）

　メモ欄：

> ここは大切！

永井荷風のように生きたいと思っていても、フランス語の語学力や小説を書く才能がなければそれはかなわぬ夢でしかありません。自分の職業人生での拠り所、職業上の生きがいに気付いたとしても、それを実現するためには自分の能力を磨（みが）くことが必要なのです。自分は"何がしたいのか"（自分のやりたいこと）には、自分は"何ができるのか"（能力、資質）がセットなのです。この２つを両輪にして、職業生活において自己実現を図って欲しいと思います。

テーマ3　自分が選んだ"何がしたいのか"のために

【テーマ1】の1から25の項目から、自分が"したいこと"、"やりたいこと"を3から５つ選んでもらいました。そこで、それらを実現するためには、どういう力（ちから）を身に付けなければならないでしょうか。どんな人であるべきでしょうか。

番号 ［　］	
番号 ［　］	
番号 ［　］	
番号 ［　］	
番号 ［　］	

第4章

社会とのつながり〜 "何をすべきか" への気づき

職業生活を営むこととは、人が社会とつながることを意味します。確かに学校も社会ですが、学校独自の考えがあるために（例えば、高校文化祭では利益を出さないようにと言われているが、会社ではその逆）、職業生活を営む場としての社会とは異なる特徴を持っています。また、すでにアルバイト経験のある人は職場としての社会を経験しているでしょうが、本業はあくまでも学校の生徒、学生であるという人の方が多いと思います。その意味で、社会とのつながりという点ではこれからが本番と言っていいと思います。

そこで、学校以外の社会とのつながりもみなさんは意識して欲しいと思います。そもそも、社会の一員である以上、社会に対して積極的に関わることはある意味での義務ともいえるでしょう。すなわち、それは "何をすべきか"（自分がやるべきこと）の1つなのです。

学生や生徒の立場でできる社会との関わりとはどのようなものがあるのでしょうか。その例として、ボランティア、インターンシップ、18歳選挙権の行使を取り上げましょう。

| 4-1 | ボランティアの意義

誤解しないでくださいね。若い人も学校以外の社会とつながりを持つべきですが、その1つであるボランティアを必ずするべきだ、と言っているわけではありません。あくまでも本人の自発的な気持ちから成り立つのがボランティアですから。ただし、ボランティアを通じて、例えば、日本の災害文化（災害の経験から生まれた知識や対応方法など）や社会福祉の問題点といった社会的課題に実感をもって気付くことができるでしょう。その意味から、ボランティア活動は人と社会とをつなぐ重要な接点なのです。

テーマ1 ボランティア活動のいろいろ

　次にあげるボランティア活動をしたことがあるかどうか、みんなで話し合いながら、確認してみましょう。

1	町会・自治会の活動
2	まちづくりのための活動（道路や公園などの清掃、花いっぱい運動、まちおこしなど）
3	子供を対象とした活動（子供の居場所づくり、学習支援、子供会の世話、子育て支援ボランティアなど）
4	安全な生活のための活動（防災活動、パトロールなどの防犯活動、交通安全運動など）
5	高齢者を対象とした活動（高齢者の日常生活の手助け、高齢者とのレクリエーションなど）
6	自然や環境を守るための活動（野鳥の観察と保護、森林や緑を守る活動、リサイクル運動、ゴミを減らす活動など）
7	健康や医療サービスに関係した活動（献血、入院患者の話し相手など）
8	スポーツ・文化・芸術・学術に関係した活動（東京2020オリンピック・パラリンピック競技大会関連を除くスポーツ関連のボランティア、観光ガイドボランティアなど）
9	災害の復旧に関係した活動（炊き出し、募金を集める活動など）
10	障害者を対象とした活動（手話、点訳、朗読、障害者スポーツ支援、障害者の社会参加の協力など）
11	国際協力に貢献する活動（在住・訪日外国人のための活動を除く、海外支援協力、難民支援など）
12	在住・訪日外国人のための活動（日常生活の手助けや道案内など外国人への支援活動など）
13	東京2020オリンピック・パラリンピック競技大会関連のボランティア（東京2020オリンピック・パラリンピック競技大会普及啓発イベントの手伝いなど）
14	部活動での地域貢献

（東京都生活文化局『都民等のボランティア活動等に関する実態調査』平成30年3月　を参考に作成）

- -

メモ欄：

- -

テーマ2 ボランティアへの関心／国際比較

　次のグラフは、日本と外国の若者を対象にボランティアへの関心を尋ねた意識調査の結果です。これを見て、みんなで話し合ってみましょう。

ボランティアへの関心／国際比較

(%)

	ある	ない	わからない
平成30年度調査 (n=1134)	33.3	48.1	18.5
平成25年度調査 (n=1175)	35.1	41.9	23.0

(%)

	ある	ない	わからない
日本 (n=1134)	33.3	48.1	18.5
韓国 (n=1064)	52.6	28.8	18.6
アメリカ (n=1063)	65.4	23.5	11.1
イギリス (n=1051)	52.7	31.8	15.5
ドイツ (n=1049)	49.6	30.8	19.6
フランス (n=1060)	51.7	30.7	17.6
スウェーデン (n=1051)	45.8	27.3	26.9

調査対象者：各国満13歳～満29歳までの男女
調査期間：平成30年11月～12月
　　　　　（内閣府「我が国と諸外国の若者の意識に関する調査（平成30年度）」（令和元年6月）より作成）

メモ欄：

テーマ3 災害ボランティア

　日本では震災や相次ぐ台風や豪雨による被害で多くの地が復興途上にあります。今後も日本の様々な地域でこうした災害が起こることが予想されます。被災地の様子を見て、災害ボランティアとして駆け付けたいと思う人もたくさんいると思います。

　右のイラストを見てください。災害ボランティアに臨むときの服装や装備が描かれています。これを見て、みんなで自由に話し合ってみましょう。

（特定非営利活動法人　レスキューストックヤード会報誌「あるある　55号（2011年5月発行）表紙」（一部加筆、修正））

メモ欄：

> ここは大切！

被災地でのボランティアを行う場合、自分の水、食事などは自分で用意する、自家用車はできるだけ使わない、現地の災害ボランティアセンターと連絡を取る、万一に備えて保険に入る、といったことを必ず実行しましょう。

|4-2| インターンシップの役割

インターンシップとは短期間、企業等の職場で就労体験することです。公立中学校では多くの学校で職場体験が実施されていますので*1、経験済みの人も多いと思います。高等学校でも特に専門高校の人は高校の授業の一環として取り組んでいると思います。しかし大学生にとっては、現在では、単なる職場体験以上の"重み"を持つ傾向が強くなっています。

また、みなさんと実社会とをつなぐ役割として、職業意識を高め、雇用のミスマッチ（例えば、入社前と入社後の落差が激しくて辞める）を防ぐうえでもインターンシップへの注目度は高まっています。

テーマ1 インターンシップの経験

自分たちがどのようなインターンシップ（職場体験）をしたか（したことがないことも含む）、みんなで話し合ってみましょう。

メモ欄：

---

*1 国立教育政策研究所の調査では、平成29年度に調査した公立中学校の98.6%がインターンシップを実施しています。

テーマ2　あなたにとってのインターンシップとは？

　あなたが、今後インターンシップを行う場合、どのような点にその意義を見出したいと思いますか。次のうちから、複数選んでみてください。そして、みんなで話し合ってみましょう。

1．達成感や充実感、生きている実感を得たい。

2．社会とつながりたい。

3．社会に対して貢献したい。

4．自分の進路の選択に役立てたい。

5．学校での学習と職業における知識や技能との関連性をつかみたい。

6．勤勉さや責任感を学びたい。

7．言葉遣いや礼儀正しさを学びたい。

8．異なる立場の人達とのコミュニケーション力を身に付けたい。

9．自分の個性や職業上の適性を考える機会にしたい。

10．どのインターン先がいいかを考えることのできるプラン作成能力を高めたい。

（文部科学省『高等学校キャリア教育の手引き』（平成23年11月）の「インターンシップの目的」の項目（111頁）を参照のうえ作成）

　メモ欄：

テーマ3 **インターンシップ受け入れ企業の見方[高校生版]**

インターンシップを受け入れている企業はこれをどのように捉えているのでしょうか。実際に高校生をインターンシップで受け入れた企業にとってはどのような利点があったのか、に関する次のアンケート結果を見て、みんなで話し合ってみましょう。

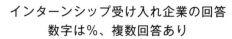

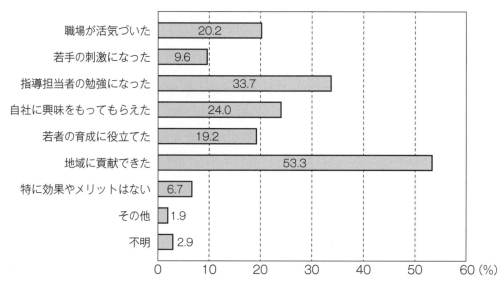

三重県の地元高校生を受け入れている企業254社のうち、104社に行ったアンケート調査結果（2006年12月〜2007年2月）

（三重県商工会議所連合会「平成18年度若者と中小企業とのネットワーク構築事業」（平成19年3月）3頁）

メモ欄：

テーマ4 **大学生のインターンシップと企業**

　インターンシップとは職場体験、就労体験ですから、これを就職や採用に結び付けると、就職活動（就活）の一段の早期化につながるなどの問題が起こります。インターンシップと採用を関連づけることは政府も経済界も問題視していますが、この両者は結び付いて当然であるとの見解もあります。大学生の場合、インターンシップと就活との関連性はどのようになっているのでしょうか。

　次のアンケート調査結果は、インターンシップに参加した学生がその企業から就職の働きかけがあったかどうかを明らかにしたものです。

　このアンケート調査結果について、みんなで話し合ってみましょう。

企業からの就職の働きかけの有無

企業規模	〜299人	300〜999人	1,000人〜	企業総計
働きかけある	29.6%	31.7%	33.7%	31.8%

働きかけをした企業のうち
実際にインターンシップ参加者を採用したことがある、その採用割合

企業規模別		〜299人	300〜999人	1,000人〜	企業総計
採用したことがある		45.8%	61.4%	82.9%	65.0%
採用人数の割合	1％未満	18.2%	37.0%	31.0%	31.3%
	1〜5％未満	27.3%	44.4%	41.4%	40.3%
	5〜10％未満	9.1%	7.4%	6.9%	7.5%
	10％以上	36.4%	3.7%	10.3%	11.9%
	不明	9.1%	7.4%	10.3%	9.0%

調査時期：2013年1月
調査対象企業：『会社四季報』（2012年1集）、『会社四季報未上場会社版』（2012年上期）に記載されている従業員100人以上の企業計6,310社、企業からの回答数556（有効回答率8.8%）。
　（亀野淳「企業の採用活動とインターンシップとの関連に関する定量的分析：企業と大学へのアンケート調査結果をもとに」『北海道大学大学院教育学研究院紀要』128号、2017年6月、160頁）

　メモ欄：

インターンシップ・トラブル対処法

インターンシップに関して学生から次の10の事例の相談があったとします。それぞれの事例は、法令に反していて違法（×）、違法とはいえないが問題がある事例（△）、合法で問題なし（○）、のどれでしょうか。みんなで話し合ってみましょう。

☞解答は清水書院Webサイトに掲載

1．早朝から夜遅くまで上司から命令されて、長時間働かせられた。
2．ほぼ一日拘束されて疲れたのだが、日当をもらえなかった。
3．往復するのに2000円かかったのに、交通費がもらえなかった。
4．上司からセクハラを受けた。
5．インターンシップ先から帰る途中、家の近くで交通事故に遭ったが、会社は治療費を出さないと言っている。
6．インターンシップ先の会社で備品を壊してしまい、賠償請求された。
7．無断で休んだらもう来なくていいと言われた。
8．インターンシップ先の工場で明らかに機械の故障によりケガをしたが、会社は治療費を出さないと言っている。
9．インターンシップをしている最中に採用面接試験が行われた。
10．インターンシップの応募に落とされた。

メモ欄：

|4-3| 18歳選挙権の行使

2015年6月に公職選挙法が改正され、18歳から投票することが可能になりました（18歳選挙権といいます）。

その仕組みを紹介しましょう。

・投票できる議員や首長など：

　　衆議院議員、参議院議員、都道府県市町村の首長と議員、最高裁判所裁判官国民審査

・対象者：投票日に満18歳以上の人。すなわち、投票日の翌日が18歳の誕生日の人までが投票できる。

　⇒　投票日の翌日が誕生日の人は、投票日に満18歳となるため投票可能。選挙運動も可能。

　⇒　投票日の翌々日が誕生日の人は投票日にはまだ17歳であるため投票不可。選挙運動も禁止。

・選挙運動：公示日（衆議院参議院の通常の選挙の場合、補欠選挙は除く）や告示日（その他の選挙の場合）から投票日の前日までの期間に行うことができる。満18歳以上の人が行うことができる。

　できること：電話をかけて、ある候補者への投票を依頼する、道行く人に○○党への支持を呼びかける、友人などにLINE、ツイッターなどのSNSで○×党への投票をお願いするなど。

　禁止されること：メールで支持を呼びかけることはできない（メールは政党と立候補者だけが使用できる）。戸別訪問（○○さんの家に行って選挙運動を行う）など。

テーマ1 年齢階層別の投票率

　右のグラフは第48回衆議院議員総選挙（2017年10月22日）での年齢別投票率をあらわしています。このグラフを見て、次の(1)、(2)、(3)についてみんなで話し合ってみましょう。

(1)大きな傾向としては、年齢が上がるとともに投票率は上がっています。それはなぜなのでしょうか。みんなで話し合ってみましょう。

　メモ欄：

----

(2)18歳の投票率、19歳の投票率とを比較して、なぜこうした差が出るのでしょうか。また、20代の投票率が他の年代に比べて低いのはなぜでしょうか。みんなで話し合ってみましょう。

　メモ欄：

----

(3)"シルバー民主主義"という言葉があります。このグラフを見て、"シルバー民主主義"とはどのような意味なのか、また、"シルバー民主主義"はどのような問題点を抱えているのか、みんなで話し合ってみましょう。

　メモ欄：

第48回衆議院議員選挙における年齢別投票状況（抽出調査）

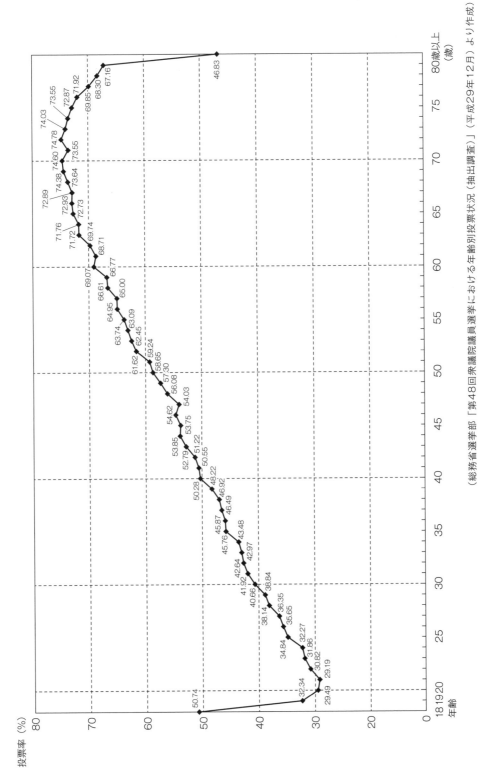

投票率（％）

（総務省選挙部「第48回衆議院議員選挙における年齢別投票状況（抽出調査）」（平成29年12月）より作成）

政治に対する国民の影響力

　次のグラフは、選挙やデモ・陳情・請願は国政にどの程度の影響を及ぼして
いるか、また、国民の意見や希望は国政にどの程度反映されているか*¹を尋ねた
世論調査の結果です（5年ごとの時系列調査）。これを見て、なぜ下落傾向が起
こっているのか、みんなで話し合ってみましょう。

政治に対する国民の影響

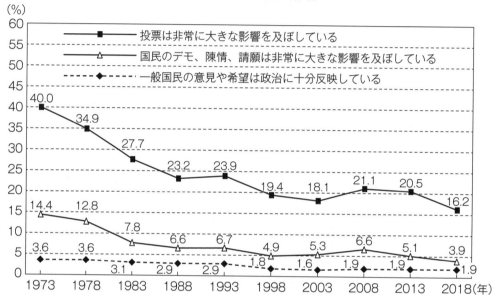

調査時期：2018年6月～7月
調査相手：全国の16歳以上の国民5,400人
有効数（率）：2,751人（50.9%）

（NHK放送文化研究所　第10回「日本人の意識」調査（2019年1月公表））

メモ欄：

----

*1　投票をはじめとする、国民の政治活動が政治にどの程度影響を与えているかについての思いや感覚
　　のことを、政治的有効性感覚と言います。

テーマ3 **ジョージ・オーウェル『1984年』より**

　イギリスの作家ジョージ・オーウェル（1903〜1950）の代表作が『1984年』（1949年刊行）です。当時の世界情勢などを踏まえて、彼にとって近未来の国家はどうなっているかを描いた空想小説です。内容の一部をここにまとめます。

・・・・・・・・・・

　主人公ウィンストンはオセアニアという国家の国民です。この国は党が支配していて、その党を率いている人物がビッグ・ブラザーです。国家は真理省、平和省などいくつかの省から成り立っていますが、真理省のやっていることは国民をビッグ・ブラザーに従わせることであり、平和省のやっていることは戦争です。ビッグ・ブラザーは万能であり、国家はテレスクリーン（テレビと監視カメラを合わせたような装置）で国民の言動の細部までを監視しています。テレスクリーンからは党からの報道が絶えず流れて、国民はこの報道を遮断することができません。子どもたちは党を賛美する歌を歌い、親が党を批判するようなことをすれば、洗脳されている子どもたちは思考警察に密告します。

　党のスローガンは、〝戦争は平和なり、自由は隷従なり、無知は力なり〟です。国民は政治について無知であること、考えないことが大切です。党の考えから自由になってはいけないのです。ビッグ・ブラザーが国の政治すべてを仕切るのです。

　ウィンストンは真理省に勤める党員で、仕事は過去の事実や記録文書の書換です。例えば、戦争の見通しについて、ビッグ・ブラザーが予測した演説内容と実際の戦況が異なっており、タイムズ（新聞）が実際の戦況の方を書いている場合、演説内容に合わせるようにタイムズ（新聞）を書き替えます。そして、事実が書かれたタイムズ（新聞）をこの国から破棄します。つまり、残る記録はビッグ・ブラザーの演説内容と改竄されたタイムズ（新聞）です。これが真実になるのです。ビッグ・ブラザーは誤ってはならないのです。

　ウィンストンは自分の行いに疑問を感じます。ウィンストンは、〝自由とは2足す2が4であると言える自由である〟（党は5であると命じます）と確信します。そこで、党の中枢部にいるものの、反体制派であると確信したオブライエンという人物に近づきますが・・・。

（ジョージ・オーウェル　高橋和久訳『1948年』早川書房より筆者要約）

・・・・・・・・・・・・・

こういう国にならないように、ウィンストンはじめオセアニアの国民は何を
しなければいけなかったのでしょうか。みんなで話し合ってみましょう。

メモ欄：

テーマ4 将来日本への提言

第2章「経済社会の現実」では、みなさんがこれから職業を選ぶ、職業生活を
営むうえで関わってくる、日本の経済的社会的現実や未来予想図について、気
づき、話し合いました。この問題の解決は政治に委ねられますが、どのような
政策や政治が今後必要となるのか、ここではそれぞれの問題についてみんなで
考えてみましょう。

⑴日本の少子高齢化・人口減少という課題の解決に向けて政治は何をするべき
か、どのような政策を実行するべきか、みんなで議論し合いましょう。

メモ欄：

⑵人工知能（AI）の進展にともなう課題の解決に向けて政治は何をするべきか、
どのような政策を実行するべきか、みんなで議論し合いましょう。

メモ欄：

----

(3)日本や世界での所得格差、経済格差という課題の解決に向けて政治は何をするべきか、どのような政策を実行するべきか、みんなで議論し合いましょう。

メモ欄：

------

(4)男女の政治的経済的平等に向けて、政治は何をするべきか、どのような政策を実行するべきか、みんなで議論し合いましょう。

メモ欄：

第5章

セルフ・チェックを楽しもう！

　自分の立ち位置のこと、少し遠い未来のことを考えるために、2つのセルフ・チェック・テストを用意しました。1つは、将来の職業生活の場が東京になるかも知れないことから作成した"あなたの東京度"です。もう1つは、"2040年の私"に思いをはせるものです。どちらも軽い気持で、クラスメイトと楽しみながら取り組んで下さい。

5－1：ちょっとリアルなあなたのライフプラン
　2040年の自分をいくつかのデータを踏まえて予想してみるという自己分析です。

5－2：あなたの東京度チェック
　東京に対する愛着度や親近感の程度は、将来どこに住むか、どこで仕事をするのかという問題と関係が出てくる可能性があります。そこで東京に対するあなたの思いをチェックしてみる自己分析シートです。

| 5-1 | ちょっとリアルなあなたのライフプラン

　2040年、あなたはどのような生き方をしているのでしょうか。どのような職業に就いているのでしょうか。経済・社会の現実を踏まえて、そしてさまざまな未来予想のデータ（ データ1 ～ データ10 ）を参考に少しだけ考えてみませんか。まあ、未来は予想通りにならないことが普通ですから、気軽に楽しむ気分で自分の未来を遠くから眺めてみましょう。

| データ1：将来人口 |

・日本の人口：2017年　1億2,670万人

　　　　　　　2040年　1億1,092万人（中位推計）

　　　　　　　……1,578万人の減少が予想される

・2040年に人口の増える県、減る県

都道府県別人口増減率

2015年から2040年までの人口減少率（％）

全国	−12.7	佐賀県	−16.3	宮崎県	−20.6
東京都	1.8	静岡県	−16.4	新潟県	−21.2
沖縄県	1.3	香川県	−16.6	山口県	−21.7
愛知県	−5.5	栃木県	−16.6	奈良県	−21.8
神奈川県	−6.4	群馬県	−17.0	愛媛県	−22.0
埼玉県	−7.5	宮城県	−17.2	鹿児島県	−22.1
滋賀県	−7.7	三重県	−17.2	山梨県	−23.1
福岡県	−7.8	鳥取県	−17.7	長崎県	−23.5
千葉県	−9.3	福井県	−17.7	和歌山県	−23.8
広島県	−11.4	茨城県	−18.5	徳島県	−24.0
岡山県	−12.5	長野県	−18.8	岩手県	−25.1
大阪府	−13.5	大分県	−18.8	福島県	−25.5
石川県	−14.2	岐阜県	−19.0	山形県	−25.8
京都府	−14.3	富山県	−19.0	高知県	−26.3
兵庫県	−14.3	島根県	−19.6	青森県	−30.5
熊本県	−15.4	北海道	−20.5	秋田県	−34.3

（国立社会保障人口問題研究所「第8回人口移動調査」より作成）

・35〜39歳の未婚率（2015年）　　男性　35.0％

　　　　　　　　　　　　　　　　女性　23.9％

　　　　　　　　　　↓

2040年もあまり変わらないと仮定する（女性は少し上がるかも）。

（国立社会保障・人口問題研究所『人口統計資料集』2020年版より）

データ３：子供の教育費・養育費

（ア）幼稚園から高校まで（15年間とする）

　　　すべて公立学校　約541万円　⇒　月額約3.0万円

　　　すべて私立学校　約1,830万円　⇒　月額約10.2万円

（文部科学省「平成30年度子供の学習費調査」より）

（イ）大学４年間の学費

　　　国立大学　　　　242万円　⇒　月額約5.0万円

　　　私立大学文系　　396万円　⇒　月額約8.3万円

　　　私立大学理系　　539万円　⇒　月額約11.2万円

（文部科学省「平成29年度私立大学に係る初年度学生納付金平均額調査」より）

（ウ）基本的養育費（食費、衣類、おもちゃ、お小遣い、医療保険費など）

　　　22年間で1,640万円かかるとの試算　⇒　月額約6.2万円ほど

（首相官邸Webサイト資料より）

（エ）合計すると

　　　大学卒業までに、最も低い費用で、

　　　　2,423万円（541万円＋242万円＋1,640万円）　⇒　月額約9.2万円

　　　高校卒業までならば、最も低い費用で、

　　　　1,883万円（541万円＋1,342万円*）　⇒　月額約8.7万円

（*22年間で1,640万円なので18年間で1,342万円と仮定）

　　　　　　　　　　↓

2040年も同じような傾向であると仮定する。

データ4：就職した高校卒業者の就職先

2018年3月高校卒就職者　　　186,234人
そのうち公務員になった者　　12,712人（6.8％）
　　　　　　自営に就いた者　　4,560人（2.4％）
　　　　　農林漁業従事者　　　1,945人（1.0％）
大半は民間企業に就職したと考えられる。

（文部科学省「平成30年度学校基本調査」より）

データ5：大学学部卒の就職者の就職先

2018年3月大学学部卒業者について

> 就職者　436,156人　／卒業者数　565,436人
>
> そのうち、民間企業に勤めていると想定される者　　少なくとも60％
>
> その他、教員、薬剤師、看護師、医療技術者、
> 栄養士などの専門職従事者　　　　　　　　　　　　約16％程度

（文部科学省「平成30年度学校基本調査」より）

データ6：大企業と中小企業

　大企業の従業員数　：　中小企業の従業員数　＝　35.8　：　64.2（2016年）
　　　　　　　　　　　　　↓
2040年もあまり変わらないと仮定する。

データ7：どれほどの給与か

　35〜39歳の年間の平均給与（2018年）　男女平均で　年間448万円（男性 528万円／女性 314万円）
　　　　　　　　　　　　　（例）月給30万円　ボーナス2回合計で88万円
　　　　　　　　　　　　　（手取りはこれよりも減る）

（国税庁「民間給与実態統計調査」（令和元年9月）より）
　　　↓
2040年もあまり変わらないと仮定する。

　2040年には高齢化の進展により空き家のマンションの増加や人口減少でマンション価格は東京も含めて下落すると予想する。

↓

東京界隈でも2,000万円で新築マンション（3LDK）が購入可能になると仮定する。

2040年の2,000万円の新築マンション
→自己資金500万円で、1,500万円を住宅ローンで借りる。

1,500万円借入
（内訳：毎月の返済部分1000万円、ボーナス返済部分500万円）
借入期間　25年（40歳で借りて65歳で完済）
住宅ローンの金利　2.0％
元金均等返済で返す　　　　　　　　　　　　　　以上の条件で借りると

↓

　　　　毎月の返済額　42,385円
　　　　ボーナス月の返済額　127,563円

（三井住友銀行Webサイトでのシミュレーション）

データ９：銀行預金

　2040年までも、今のような低金利が持続すると仮定すると、銀行に預けても利息はほとんど付かない。
　　そこで、
　　　１か月１万円ずつ銀行に預けると
　　　　　　　　　　⇒12か月×20年　＝元利合計ほぼ240万円
　　　１か月２万円ずつ銀行に預けると
　　　　　　　　　　⇒12か月×20年　＝元利合計ほぼ480万円

データ10：株式投資

・100万円たまったところで、このお金でＡ社の株式を購入した。それが値上がりをして、300万円に増えた。
・100万円たまったところで、このお金でＢ社の株式を購入した。しかし、暴落して、40万円になってしまった。

さて、2040年あなたは、

Q1：　東京に住んでいる？　　☞データ1、データ8
　　　　住んでいる　　　　　住んでいない

Q2：　結婚はしている？　　☞データ2
　　　　している　　　　　　していない

Q3：　Q2で"結婚している"と回答した人へ、子供は何人欲しいですか

　　　　　　　　　　　　　　　　　　　　☞データ3

　　　　　1人　　　　2人　　　　それ以上　　　いらない

Q4：　就職先は　　　　　　☞データ4、データ5
　　　　会社　　　　会社ではない　　　　自営

Q5：　Q4で"会社"と回答した人へ、自分の勤め先の会社は　☞データ6
　　　　大企業　　　　　　中小企業

Q6：　平均給与よりも多くもらえるか、それとも少ないか　☞データ7
　　　　多い　　　　同じくらい　　　　少ない

Q7：　持ち家としてマンションを考えるとして、マンションを　☞データ8
　　　　買う　　　　買わない

Q8：　2040年時点での、あなたの銀行での貯蓄額　　☞データ9
　　　　240万円以下　　240万円ほど　　480万円ほど　　それ以上

Q9：　株式投資は　　☞データ10
　　　　している　　　　　していない

Q10：2040年あなたの仕事上での生きがい（こだわり）は
　　　・専門家として特定の分野で力を発揮すること
　　　・マネジメント（管理・経営・運営）に力を注ぐこと
　　　・組織に頼らず自分自身の才能だけでやっていくこと
　　　・生活の安定が優先されるような仕事の仕方に努めること
　　　・自分のアイデアが活かせるような会社を立ち上げること
　　　・困った人、支援を必要とする人の役に立つこと
　　　・だれもやったことのない偉業に挑戦すること
　　　・趣味や私生活が優先できるような仕事の仕方をキープしていくこと

| 5-2 | あなたの東京度チェック

　あなたの将来の職業生活は東京が舞台になる可能性があります。そこであなたの"東京度"をチェックしてみましょう。東京で過ごす生活や東京という街の持つ価値、東京の様々な文化について尋ねます。

　Q11、Q13、Q28で言う"東京"とは、新宿、池袋、品川、渋谷、上野などのターミナルに1時間程度で行くことのできる範囲を意味することにします。

A群：東京に代表される生活や行動への志向について尋ねます。

Q1．都会の住民であることはブランドである。

Q2．森や緑や清流に恵まれているところよりも、コンビニやファミレスが近くにあるところの方が好きだ。

Q3．流しのタクシーが簡単に拾えるのは便利である。

Q4．バスや電車が頻繁に来るのは便利である。

Q5．高層マンションに住むのは楽しい、楽しそう。

Q6．大都市の繁華街での人の多さは気にならない。

Q7．タレントや芸能人に会いたい。

Q8．コンサートやイベントに行きたい、参加したい。

B群：東京の存在価値に対する評価について尋ねます。

Q9．東京はこれからも政治、経済、文化の中心であるべきだ。

Q10．東京の言葉は全国で通じるのでいい言葉だ。

Q11．東京に住めば就職に有利である。

Q12．流行の発信地は東京である。

Q13．東京にはオシャレな若者が多い。

Q14．明治政府が都を東京に移したのは正解であった。

Q15．東京はニューヨーク、ロンドンと並んで世界の3大金融市場であると聞くとすごいと思う。

Q16．東京は日本の首都なので他の都市と比べて別格である。

Q17．地方の難関国立大学よりも東京にある私立の早稲田や慶應の方がイメージがよい。

Q18．国会議事堂を実際に見ると、自分はすごいところにいるんだなあと思う。

Q19．ラーメンやスイーツを楽しむならば東京が一番だ。

Q20．東京では新型コロナウイルスに罹った人が多いが、東京の魅力が衰えることはない。

C群：東京の文化や名物に対する評価について尋ねます。

Q21. 東京タワーのオレンジ色のライトアップがすてきだ。

Q22. 東京ディズニーランド／ディズニーシーにたくさん行きたい。

Q23. 渋谷でハロウィンの仮装をするのは楽しそう、おもしろい。

Q24. 秋葉原のオタク文化が面白い。メイドカフェ最高！

Q25. 上野公園や浅草の浅草寺が楽しい。外国人にいっぱい会える！

Q26. 新海誠監督『君の名は。』、『天気の子』での東京の描写が美しい。

Q27. 原宿・表参道はフランスのパリのような街並みですてきだ。

Q28. 富士急ハイランドは、最も遠い、東京人の遊び場だ。

Q29. 新宿の歌舞伎町ってこわそう。でもおもしろそう。

Q30. 隅田川沿いから見る東京スカイツリーは日本が誇る風景だ。

Q31. お好み焼きよりももんじゃ焼きの方が好きだ。

Q32. 東京のデートスポットはすてきだ。

A群	Q1.	[　そう思う	そう思わない	わからない　]
	Q2.	[　そう思う	そう思わない	わからない　]
	Q3.	[　そう思う	そう思わない	わからない　]
	Q4.	[　そう思う	そう思わない	わからない　]
	Q5.	[　そう思う	そう思わない	わからない　]
	Q6.	[　そう思う	そう思わない	わからない　]
	Q7.	[　そう思う	そう思わない	わからない　]
	Q8.	[　そう思う	そう思わない	わからない　]
B群	Q9.	[　そう思う	そう思わない	わからない　]
	Q10.	[　そう思う	そう思わない	わからない　]
	Q11.	[　そう思う	そう思わない	わからない　]
	Q12.	[　そう思う	そう思わない	わからない　]
	Q13.	[　そう思う	そう思わない	わからない　]
	Q14.	[　そう思う	そう思わない	わからない　]
	Q15.	[　そう思う	そう思わない	わからない　]
	Q16.	[　そう思う	そう思わない	わからない　]
	Q17.	[　そう思う	そう思わない	わからない　]
	Q18.	[　そう思う	そう思わない	わからない　]
	Q19.	[　そう思う	そう思わない	わからない　]
	Q20.	[　そう思う	そう思わない	わからない　]

C群	Q21.	[そう思う　そう思わない　わからない　]
	Q22.	[そう思う　そう思わない　わからない　]
	Q23.	[そう思う　そう思わない　わからない　]
	Q24.	[そう思う　そう思わない　わからない　]
	Q25.	[そう思う　そう思わない　わからない　]
	Q26.	[そう思う　そう思わない　わからない　]
	Q27.	[そう思う　そう思わない　わからない　]
	Q28.	[そう思う　そう思わない　わからない　]
	Q29.	[そう思う　そう思わない　わからない　]
	Q30.	[そう思う　そう思わない　わからない　]
	Q31.	[そう思う　そう思わない　わからない　]
	Q32.	[そう思う　そう思わない　わからない　]

A群　東京に代表される生活や行動への志向

［そう思う］の数

［そう思わない］の数

［そう思う］の数　−　［そう思わない］の数　＝　（A）

B群　東京の存在価値に対する評価

［そう思う］の数

［そう思わない］の数

［そう思う］の数　−　［そう思わない］の数　＝　（B）

C群　東京の文化や名物に対する評価

［そう思う］の数

［そう思わない］の数

［そう思う］の数　−　［そう思わない］の数　＝　（C）

あなたの総合東京度ポイント
（A）＋（B）＋（C）

あなたの総合東京度ポイント

```
32 〜 21     ⇒  東京超いいね派
20 〜 1      ⇒  東京まあまあいいね派
0 〜 −20     ⇒  東京あまりいいとは思わない派
−21 〜 −32 ⇒  東京いいとは全然思わない派
```

東京超いいね派：

　あなたは率直に東京が大好きであるだけではなく、東京の街の様子もよく知っています。東京に対しても肯定的な見方をしているでしょう。もしも今、あなたが東京圏に住んでいるならば、将来、仕事で地方に転勤になるのはイヤだと思うかも知れません。そして、もしもあなたが地方に住んでいる女子ならば、『君の名は。』の三葉が次のように言うのも分かるかも知れません。「もうこんな町いややー！……来世は東京のイケメン男子にしてくださーい！」*1。

東京まあまあいいね派：

　あなたは東京はとても便利で好きですし、親しみや愛着もあるけれども、大都市・東京のマイナス面も分かっている人なのかも知れません。あるいは、東京に対して無関心な一面も持っているのかも知れません。でもあなたが東京圏に住んでいるならばそのまま住み続けるでしょう。また、あなたが地方の人ならば、東京に転居するのはそれほどイヤとは思っていないようです。

東京あまりいいとは思わない派：

　東京のイヤなところや“薄っぺらい”ところをよく分かっている人か、郷土愛のある地方の人か、自然豊かな暮らしがなじんでいる人かも知れません。東京一極集中の流れに負けないで、このままの立場を貫いてください。

東京いいとは全然思わない派：

　もしかしてあなたは東京に対抗心を燃やしている地方の人？（笑）　あるいは、東京の俗っぽいところ、危なっかしいところを徹底的に知り抜いている人？　または、人情に厚く自然豊かなところでのんびり生活を強く思い続けている東京

---

*1　新海誠『小説　君の名は。』角川文庫、2016年10月、43頁。

圏の人……。とにかくあなたの東京へのマイナスの思いはこの日本を変える貴重な役割を果たすと思います。あなたは東京一極集中を是正する希望の星だからです。アンチ東京を貫いてください。

> **ここは大切！**

A群、B群、C群それぞれのポイント数もみんなで比べてみてください。

学習指導要領対照表

　各項目の内容と、それに関連する科目及び学習指導要領解説の該当ページを以下に示しました（数字は指導要領解説の該当ページ、[産社] は [産業社会と人間、学事出版]）。

第1章　あなたの立ち位置　〜職業をめぐる現在	
1-1　現代の若者　〜世代論から	[公共39]、[倫理94]、[家基25]、[産社16 〜 19]
1-2　職業と収入、お金	[公共67、68]、[家基24、39]、[産社48 〜 51]
1-3　フリーターと若年無業者、パラサイト・シングル	[公共67]、[政経143]、[産社123]
1-4　職業に就く実態、辞める実態	[公共67]、[家基24]

第2章　経済社会の現実　〜リスクへの備え	
2-1　少子高齢化、人口減少、東京一極集中	[公共69、77]、[政経141]、[家基29]、[産社105、108 〜 111]
2-2　人工知能 (AI) の進展	[公共66、68、71]、[倫理114]、[政経139、142]
2-3　労働現場の実態・ブラック企業・ブラック職場	[公共66、68]、[政経143]、[家基25]、[産社56 〜 59、120 〜 123]
2-4　非正規労働、経済格差	[公共69]、[政経143]、[産社123]
2-5　男女共同参画社会に向けて	[公共75]、[倫理116]、[家基21]、[産 社 116 〜 119]
2-6　会社への就職	[公共67]、[政経143]

第3章　職業生活と生きがい　〜自分を支える根拠	
3-1　理想の働き方	[公共67、68]、[倫理97]、[家基24]
3-2　生きがいの模索　〜 "何がしたいのか" への気づき	[公共67、68]、[倫理94 〜 97]、[家基24]、[産社112 〜 115、147、148]
3-3　自分の向上　〜 "何ができるか" への気づき	[公共68]、[家基24]、[産社60 〜 63]

第4章　社会とのつながり　〜 "何をすべきか" への気づき	
4-1　ボランティアの意義	[家基45]、[産社42 〜 46]
4-2　インターンシップの役割	[公共68]、[産社74 〜 77]
4-3　18歳選挙権の行使	[公共62] [政経137、138]

＊ ［特別活動］（HR、学校行事）および［総合的な探求の時間］の学習課題として、すべての章が活用できます。

あとがき

　このワークブックで取り上げた課題やテーマの多くは、私が高校や大学の教員として、授業のなかで使用した教材です（これをもとに作成したテスト問題もあります）。私の授業を受けた生徒や学生はこうした教材を拒むことなく、熱心に取り組んでくれました。何よりも生徒や学生からの反応や感想、意見（誤りの指摘もふくむ）がなければ、こうして一冊の本ができることは絶対になかったです。授業を通じて、私は、新たな視点への気づき、この教材が的確だったという自信、生徒の意外な反応による驚きあるいは失望、生徒や学生にインパクトを与えたという充足感、選んだ題材は適切なのかという疑念、自分のミスをさらされた恥ずかしさ、教材の見直しの認識や決心、そして教師としての私自身の"生きがい"の実感など様々な経験や思いを得ました。それらはこのワークブックに何らかの意味において反映されています。そこに目をやると、その時の授業風景が目に浮かびます。授業を受けた生徒や学生にとって、こうした教材や私からのメッセージが、ほんのわずかかも知れませんが、職業人生（キャリア）を考える機会になったのではないかと信じています。そして、このワークブックに取り組むどこかの生徒や学生が、"自分はこれから何がしたいのか"、"自分の生きがいは何だろうか"と自問してくれるものと信じています。

　本書の執筆において、植木琢弁護士、小論文講師などとして活動中の平川敬介氏から貴重な意見やアドバイスをいただきました（勿論、文責は私にあります）。ここに感謝申し上げます。そして何よりも、新型コロナウイルスの感染拡大という未曾有の事態のなかで、清水書院の清水麻佳氏、中沖栄氏のお二人には企画から校正、製本、出版に至るまで一心に取り組んでくださいました。感謝の気持ちと申し訳ありませんという気持ちで一杯です。

　　2020年8月

　　　　　　　　　　　　　　　　　　　越 田 　年 彦

越田 年彦（こしだ としひこ）

1956年生まれ。

慶應義塾大学経済学部・文学部哲学科卒業。横浜国立大学大学院国際社会科学研究科博士課程修了。

高等学校で「政治・経済」、「倫理」等を担当。現在は慶應義塾大学訪問教授、めぐろシティカレッジ
振興会理事。

専門：経済倫理学、社会思想、社会科・公民科教育法

主な著書・論文：『覚えておきたい人と思想100人 スマート版』（共著、清水書院、2016年）、『わかり
やすく説く　日本経済・戦後と現在』（五絃舎、2006年）、『たとえと事実でつづる経済12話』（山川出
版、2002年）、「ピケティ経済学説の読解授業」（経済教育学会編『経済教育』第37号2018年）、「２つ
の経済倫理をめぐって」（経済教育学会編『経済教育』第35号2016年）、「アメリカにおける投機・賭
博差異論の検討―1886-1922年」（経済学史学会編『経済学史研究』第53巻第２号2012年）、「経済的現
実理解を指導目標とする経済教育の意義と課題」（日本公民教育学会編『公民教育研究』第８巻2000年）

職業人生　はじめの一歩
―生きがいとキャリアを考えるワークブック

2020年10月10日　初版発行

著　者　越田　年彦

発行者　野村　久一郎

発行所　株式会社　清水書院
　　　　　　　　　〒102-0072
　　　　　　　　　東京都千代田区飯田橋 3 - 11 - 6
　　　　　　　　　電話　03-5213-7151

印刷所　法規書籍印刷株式会社
製本所　法規書籍印刷株式会社

定価はカバーに表示